I0005081

* 9 7 8 1 5 0 8 8 7 4 6 2 1 *

50 نصيحة وحيلة لداينامكس AX 2012

تأليف موراي فايف
ترجمة شفيع اللبدي

ISBN: 150887462X

ISBN-13: 978-1508874621

المقدمة

متطلبات الكتاب

تم تطبيق جميع أمثلة في هذا الكتاب باستخدام جهاز افتراضي (virtual machine) يحتوي على نسخة من داينامكس AX. يمكنك تحميل نسخة من الجهاز الافتراضي من موقع مايكروسوفت الخاص بالشركاء (PartnerSource) او الخاص بالعملاء (CustomerSource).

إن كنت لا تملك نسخة من داينامكس AX على جهازك الخاص تستطيع الحصول على واحدة من موقع مايكروسوفت التعليمي (Microsoft Learning Download Center) او من خلال موقع خدمات لايف سايكل (Lifecycle Services). في هذا الكتاب تم استخدام مجموعة من البرامج الموجودة في الجهاز الافتراضي وهي كالتالي:

مايكروسوفت داينامكس AX 2012 R3

على الرغم من أن جميع إصدارات داينامكس AX السابقة تم استخدامها أثناء تطوير وفحص محتويات هذا الكتاب فهذا لا ينفي أن جميع المحتويات تعمل أيضاً مع الاصدارات الحديثة دون أي تغير.

مايكروسوفت اوفيس

الاخطاء المطبعية

على الرغم من اتخاذ كافة الاجراءت اللازمة للتأكد من دقة المحتوى فلا بد للاخطاء أن تقع. إذا لاحظت وجود أي أخطاء في الكتاب – في النصوص او الاكواد – سنكون ممتنين إذا تفضلت بالإبلاغ عنها. بهذه الطريقة ستنتقذ القراء الاخرين من الارباك وستساعدنا على تحسين الاصدارات اللاحقة من هذا الكتاب. إذا وجدت أي خطاء مطبعي رجاءا قم بالإبلاغ عنه عبر البريد الالكتروني التالي: editor@dynamicsAXcompanions.com

القرصنة

مشكلة قرصنة المواد المحمية بحقوق الطبع والنشر هي مشكلة مستمرة على شبكة الإنترنت وموجودة في جميع وسائل الاعلام. إذا صادفت وجود أي نسخ غير قانونية من اعمالنا على الإنترنت وبأي شكل من الاشكال فنرجوا منك تزويدنا بعنوأن الموقع او أسمه حتى نتمكن من معالجة الموقف.

رجاءا تواصل معنا على legal@dynamicsAXcompanions.com وزودنا برابط للمادة المشتبه بقرصنتها.

نقدر لكم مساعدتكم في حماية محتوى وقيمة هذا الكتاب.

الاسئلة

إذا كنت تواجه مشكلة في أي جانب من جوانب الكتاب يمكنك التواصل معنا عبر help@dynamicsAXcompanions.com وسنبذل قصارى جهدنا لحل المشكلة.

الفهرس

حِيل باستخدام وظائف النظام

حِيل باستخدام برامج الاوفيس

المقدمة

يعد داينامكس AX برنامجاً رائعاً نظرا لقدرة أي مستخدم من السيطرة على اساسيات النظام بقليل من التدريب.
كلما استخدمته أكثر عثرت على مزايا لم يأتِ على ذكرها على الرغم من أنها تجعل داينامكس AX أفضل . كلما
استخدمت النظام أكثر كلما عثرت على المزيد من الميزات التي سترتقي بك من مستخدم عادي الى مستخدم محترف.

لإعطائك السبق قمنا بجمع 50 نصيحة وحيلة من أفضل النصائح والحيل التي يمكنك استخدامها مع داينامكس
AX وهي تتنوع ما بين نصائح لتغير وتبديل واجهة الاستخدام مرورا ببعض الميزات الخفية التي قد لا تعلم
بوجودها . كما تشمل نصائح في كيفية استخدام أدوات أخرى لاستخراج التقارير بشكل أفضل . وتتضمن كيفية
استخدام برامج مايكروسوفت اوفيس لشحن داينامكس AX بمزيد من القوة.

ربما لن تستخدم كل هذه الحيل والنصائح لكننا على يقين أنك ستستخدم الكثير منها.

نصائح واجهة الاستخدام

لن تكون مضطراً للابحار بعيداً في داينامكس AX للعثور على الميزات التي تجعل عملك أسهل فواجهة المستخدم مليئة بمثل هذه الميزات. فمن الممكن تعديل شكل واجهة المستخدم بحيث تُظهر المعلومات التي تريد أن تراها فقط. كما يُمكنك استخدام الاختصارات الموجودة في واجهة المستخدم بحيث تتمكن من إيجاد المعلومات والتنقل في أنحاء النظام بسهولة أكثر.

العثور على أي شيء -تقريباً- من خلال البحث

هل سبق لك أن أضعت كثيراً من الوقت في البحث عن شاشات النظام في القوائم ؟ هل سبق لك أن بحثت عن معلومة معينة في داينامكس AX عن عميل مثلا وبعد الكثير من البحث تبين أنه عميل محتمل ؟ يمتلك داينامكس AX ميزة تساعد على البحث تدعى انتربرايز سيرتش (Enterprise Search) ستختصر لك كثيراً من الوقت.

عندما تريد البحث عن أي شيء في داينامكس AX كل ما عليك فعله أن تقوم بالكتابة في خانة البحث الموجودة في الزاوية اليسرى في أعلى الشاشة ثم النقر على زر البحث حيث سيقوم النظام بعرض الاقتراحات عن اماكن تواجد المعلومة المطلوبة .

في المرة القادمة استخدم ميزة البحث انتربرايز سيرتش ودع داينامكس AX يبحث عنك.

العثور على أي شيء -تقريباً- من خلال البحث

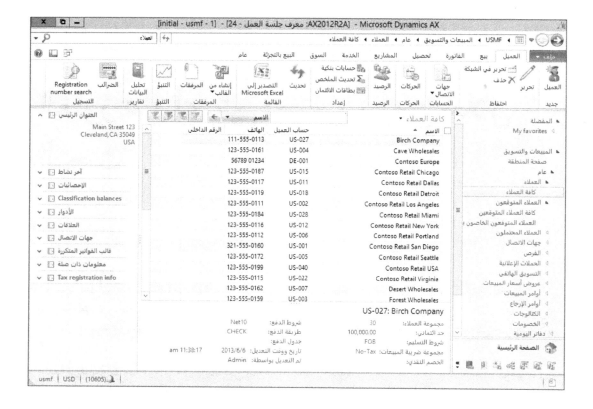

اكتب العنوان الذي تريد البحث عنه في حقل الانتربرايز سيرتش الموجود في الزاوية اليسيرى اعلى الشاشة.

في هذا المثال سنقوم بالبحث عن كل ما له علاقة بالعملاء.

العثور على أي شيء -تقريباً- من خلال البحث

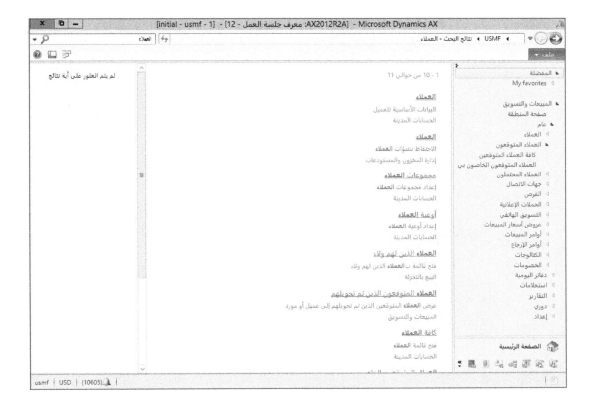

سيقوم النظام بعرض كافة شاشات النظام المتعلقة بموضوع البحث في مساحة العمل - منتصف الشاشة - كما سيعرض أيضا إرشادات ذات صلة بموضوع البحث في الجانب الايسر من الشاشة .

ملاحظة :- الاشادات غير متوفرة بالغة بالعربية لذلك ستلاحظ عدم ظهور أي نتائج.

العثور على أي شيء -تقريباً- من خلال البحث

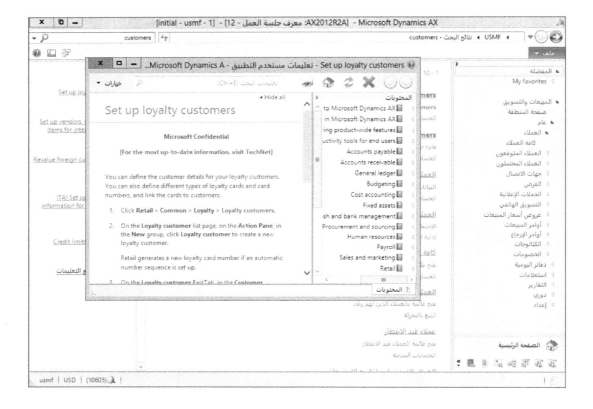

أما عند البحث باللغة الانجليزية ستلاحظ ظهور روابط الإرشادات (Help) في الجانب الايسر من الشاشة. وبمجرد النقر على أي من هذه الروابط سيظهر متصفح المساعدة ليعرض لك تفاصيل وإرشادات حول الموضوع المطلوب.

العثور على أي شيء -تقريباً- من خلال البحث

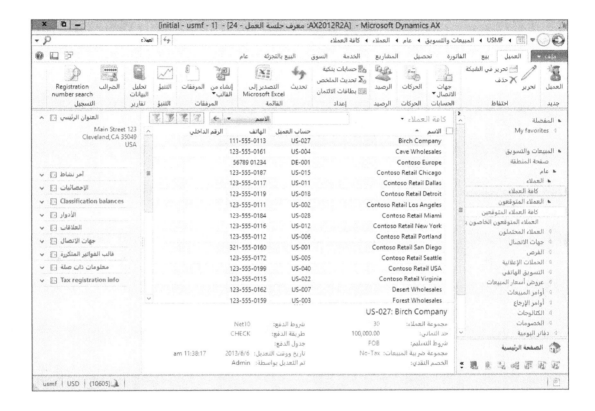

أما في حال النقر على احد الروابط المعروضة في مساحة العمل -منتصف الشاشة - وسيتم نقلك الى الشاشة المطلوبة مباشرة .

العثور على أي شيء –تقريباً– من خلال البحث

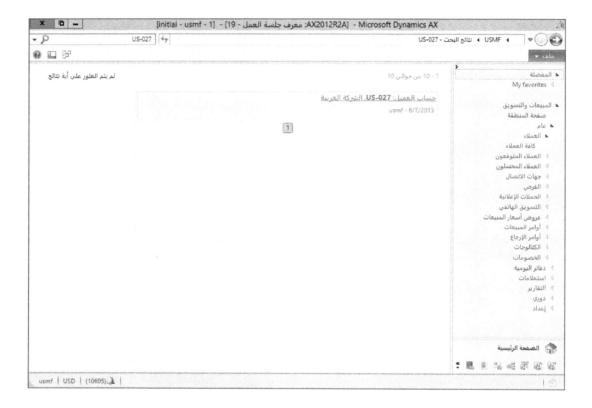

كما توفر لك خاصية الانتربرايز سيرتش إمكانية البحث في بيانات دايناميكس AX وبنفس الطريقة السابقة . أدخل الكلمة المراد البحث عنها وفي حال وجود سجلات مطابقة سيتم عرضها في الجزء الخاص بنتائج البحث في منتصف الشاشة .

العثور على أي شيء -تقريباً- من خلال البحث

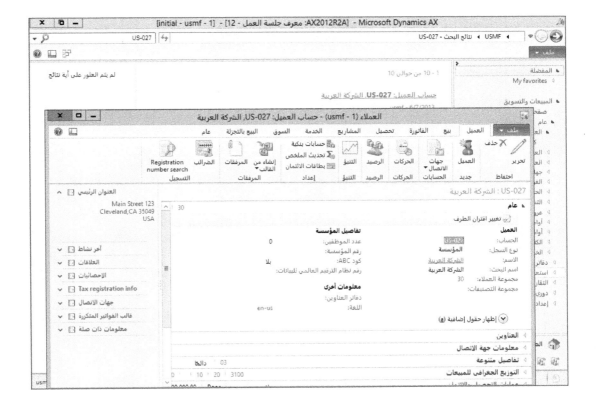

و عند النقر على رابط احدى النتائج سيتم نقلك الى السجل المطلوب مباشرة .

تخصيص شريط الازرار بما يتناسب مع احتياجاتك

الجميع يعلم أنك تستطيع تخصيص شاشات داينامكس AX لتُظهر الحقول التي تريدها فقط. لكن لا تنسى ان بمقدورك أيضا تخصيص شريط الازرار ليناسب ذوقك عن طريق إخفاء مجموعات الازرار غير المستخدمة او نقل مجموعات الازرار من مكان الى اخر بحيث تتمكن من الوصول اليها سريعا.

تبسيط اشكال الشاشات يساعدك على التخلص من العقبات التي تعيق عملك اليومي على داينامكس AX.

تخصيص شريط الازرار بما يتناسب مع احتياجاتك

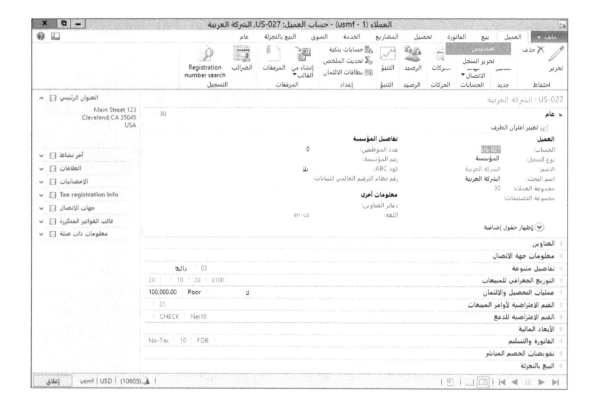

لتخصيص شريط الازرار في شاشة النظام قم بالنقر على زر الماوس الايمن ثم قم باختيار تخصيص.

تخصيص شريط الازرار بما يتناسب مع احتياجاتك

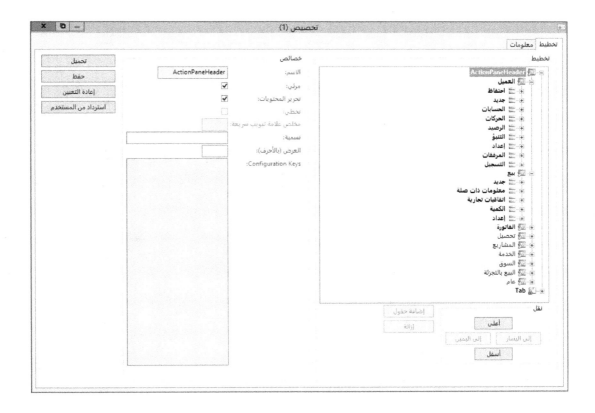

عند ظهور نافذة التخصيص ستلاحظ وجود مجموعتين رئسيتين في جزء " التخطيط" وبناء على الإعدادات الافتراضية فإن التخصيص يبدأ لمجموعة التبويب المختارة حيث تتاح لك الفرصة لتخصيص كافة الحقول والمجموعات في الشاشة.

تخصيص شريط الازرار بما يتناسب مع احتياجاتك

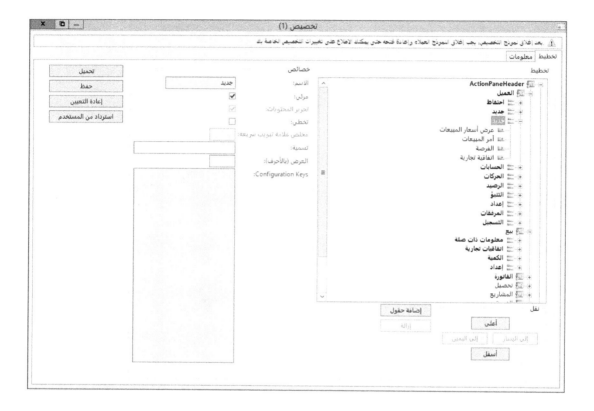

بمقدورك إخفاء أي من الازرار بواسطة الخِيار "مرئي" وبمقدورك أيضا نقل مجموعة كاملة من الازرار بسحبها ثم ادراجها في أي مجموعة اخر .في هذا المثال سنقوم بنقل كافة الازرار التابعة لحركات المبيعات من شريط الازرار الخاص بالتويب المسمى "بيع" الى شريط الازرار الخاص بالتبويب المسمى "العميل".

تخصيص شريط الازرار بما يتناسب مع احتياجاتك

الآن ستجد أن كافة الازرار الخاصة بحركات المبيعات أصبحت في متناول اليد داخل شريط ازرار "العميل".

تخصيص شريط الازرار بما يتناسب مع احتياجاتك

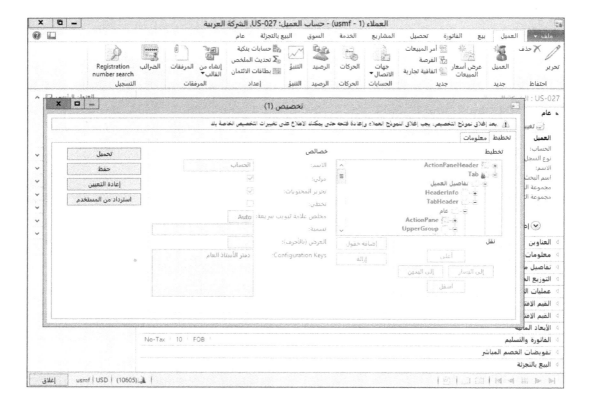

يمكنك العودة الى الوضع الافتراضي للشاشة وزالة جميع التعديلات بالضغط على زر " إعادة التعين" في نافذة التخصيص.

تحديد عدد الاعمدة ليتناسب مع حجم شاشتك

كما هي عادة الناس تجد أن بعضهم يستخدم أجهزة بشاشات صغيرة بينما تجد أخرين يستخدمون شاشات كبيرة ودقة عالية. لحسن الحظ عندما تم بناء شاشات داينامكس AX لم يتم مراعاة ترتيب الحقول لتناسب شاشات النظام فقط بل تم أيضا السماح لك بتحديد عدد الاعمدة التي يجب على النظام استخدامها عند ترتيب حقول المعلومات.

لذلك إن كان لديك شاشة صغيرة يمكنك الآن تهذيب شاشات النظام لتُظهر المعلومات في عامود واحد بحيث لا تضطر الى التنقل يَمنيً ويَسرى لمشاهدة كافة الحقول . أما إذا كنت تمتلك شاشة كبيرة تستطيع استخدام عدد أكبر من الاعمدة بحيث تتمكن من مشاهدة معلومات أكثر على الشاشة وتقليل المساحات الفارغة .

تحديد عدد الاعمدة ليتناسب مع حجم شاشتك

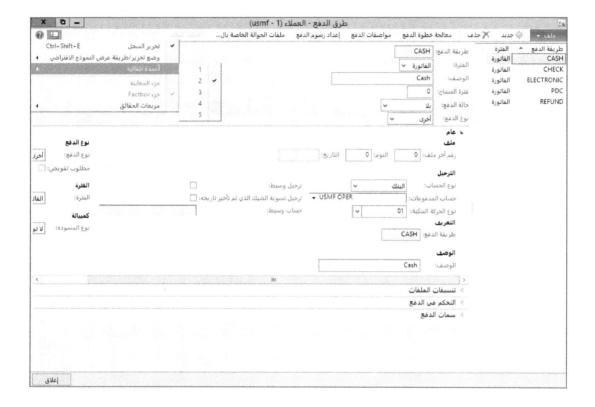

اضغط على أيقونة خيارات التصفح في اعلى يسار الشاشة ثم قم باختيار "اعمدة تلقائية" عندها ستتمكن من تحديد عدد الاعمدة المراد استخدامها في الشاشة .

تحديد عدد الاعمدة ليتناسب مع حجم شاشتك

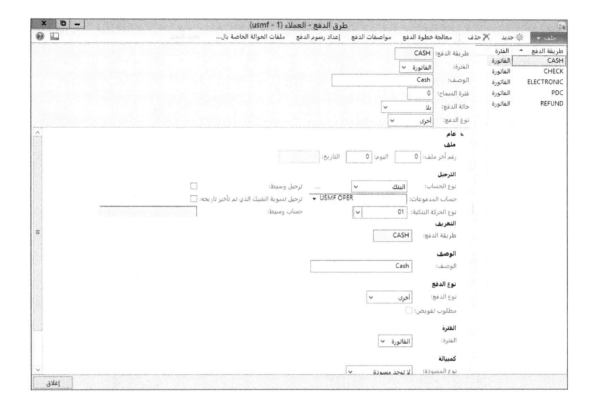

إذا كنت تستخدم شاشة صغيرة عندها سيكون بالامكان إظهار جميع المعلومات باستخدام عامود واحد.

تحديد عدد الاعمدة ليتناسب مع حجم شاشتك

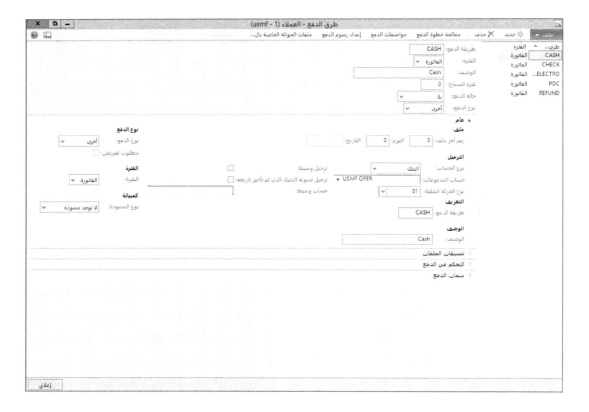

في حال استخدام الشاشات ذات الحجم الطبيعي فربما تفضل استخدام عامودين لعرض المعلومات على نحو أفضل.

تحديد عدد الاعمدة ليتناسب مع حجم شاشتك

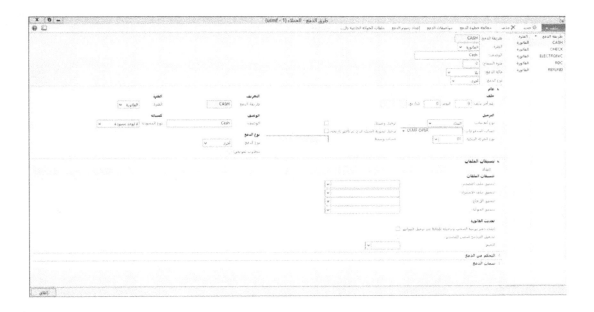

أما إن كنت ممن يفضلون استخدام الشاشات ذات الحجم الكبيرة وممن يكرهون رؤية المساحات الفارغة في ارجاء الشاشة فمن المؤكد أن استخدام ثلاث اعمدة او أكثر سيساعدك لعرض معلومات أكثر على الشاشة والتخلص من بعض المساحات الفارغة في نفس الوقت.

إضافة الحقول الى علامات التبويب

على الارجح أن تكون لاحظت وجود ملخصات الحقول التي تظهر في علامات التبويب عند فتح شاشات النظام. تتيح لك هذه الملخصات مشاهدة قيم بعض الحقول حتى وإن كانت علامة التبويب مطوية مما يعني اختصار عدد الخطوات التي تحتاجها للوصول الى المعلومة التي تبحث عنها. ويعني أيضا أنك لم تعد بحاجة للمرور على صفحات متعددة في الشاشة الواحدة حيث سيكون بمقدورك طي الكثير من علامات التبويب.

أنت غير مقيد بملخصات الحقول الموجودة بشكل افتراضي في الشاشة. بامكانك إضافة أي حقل تريده الى ملخصات علامة التبويب ببضع خطوات وبذلك تتمكن من مشاهدة ملخص عن المعلومات التي تهمك.

إضافة الحقول الى علامات التبويب

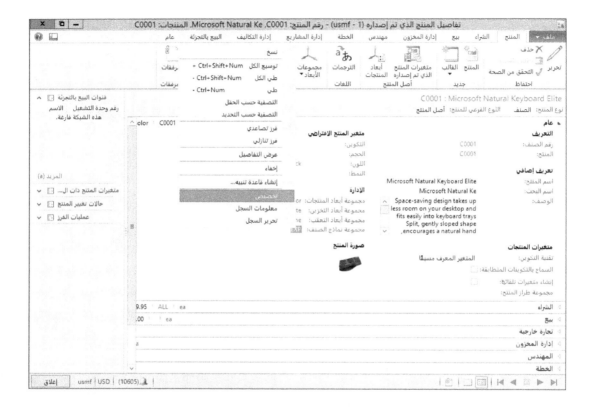

في ظل كثرة وتزاحم المعلومات في داينامكس AX قد تفكر في ترقية احد الحقول ليظهر في ملخصات علامات التبويب. كل ما عليك فعله أن تقوم باختيار الحقل ثم النقر على زر الماوس الأيمن ومن ثم اختيار تخصيص.

إضافة الحقول الى علامات التبويب

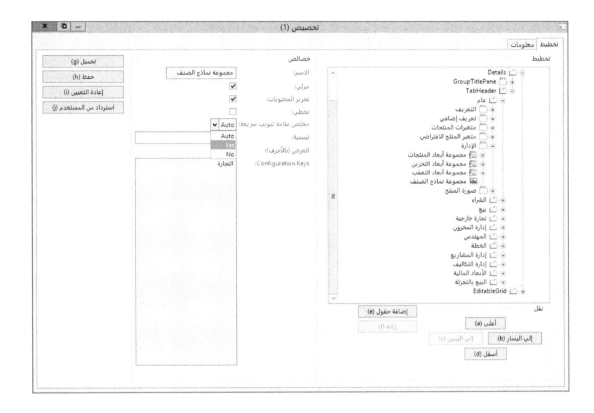

في مجموعة "خصائص" قم بتغيرقيمة "ملخص علامة تبويب سريعة" الى "Yes" ثم اغلق شاشة التخصيص.

إضافة الحقول الى علامات التبويب

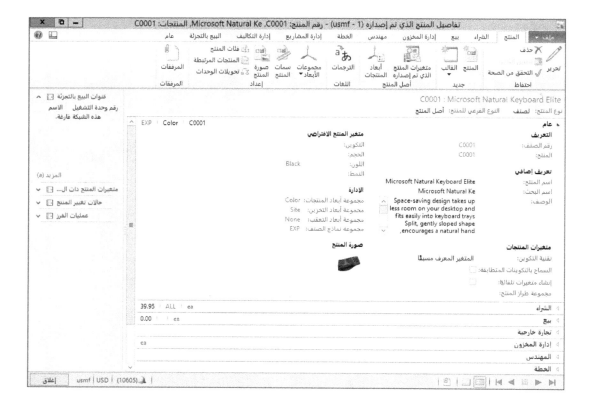

إذا كانت لديك الرغبة فمن الممكن تكرار هذه العملية لأي من الحقول الاخرى لاضافتها الى الملخصات.

إضافة الحقول الى علامات التبويب

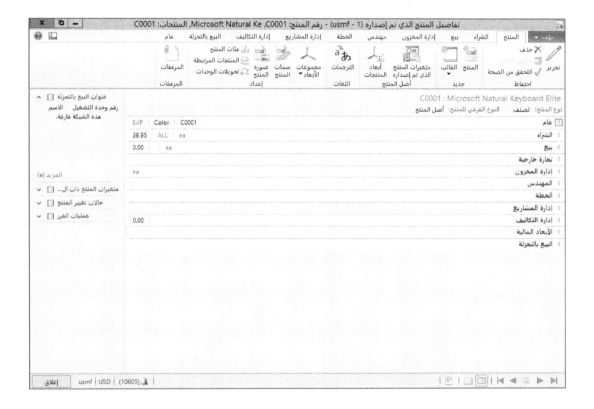

الآن اصبح بمقدورك طي جميع علامات التبويب وعلى الرغم من ذلك سيبقى بمقدورك مشاهدة كافة المعلومات الاساسية بلمحة سريعة ولن تكون مضطراً للبحث في سراديب علامات التبويب الا إذا كنت بحاجة لمشاهدة مزيد من التفاصيل.

استخدام الاختصارات للتنقل بين علامات التبويب

إذا كنت مهوسِّ باستخدام لوحة المفاتيح ولا تلجأ الى استخدام الماوس الا كخِيار أخير فلا بد أن تعديل بعض المعلومات في شاشات داينامكس AX قد يتسبب لك بنوبة قلبية في حال لم تتعلم كيفية استخدام مفاتيح الاختصارات. وذلك نظراً لكثرة ما تحتويه هذه الشاشات من علامات التبويب التي ستضطر للتنقل فيها بينها للوصول الى حقول المعلومات .

كل ما تحتاجه هو الضغط على زر **Ctrl** ورقم علامة التبويب. عندها سيقوم داينامكس AX بنقلك مباشرةً الى التبويب دون أن تضطر لاستخدام الماوس.

الآن تستطيع التنقل بين علامات التبويب كما لو أنك تملك الة الانتقال عبر الزمن.

استخدام الاختصارات للتنقل بين علامات التبويب

انقر زر الماوس الايمن على أي من علامات التبويب المنتشرة في شاشات النظام ثم قم باختيار "الإنتقال الى علامة التبويب" عندها ستكون قادرا على الإنتقال الى أي من علامات التبويب بمجرد اختيارها.

لكن هل لاحظت أن علامات التبويب مرتبطة باختصارت تساعدك في الإنتقال اليها دون الحاجة لكل الخطوات السابقة كل ما عليك فعله هو الضغط على مفتاح "Ctrl" جنبا الى جنب مع رقم التبويب.

استخدام الاختصارات للتنقل بين علامات التبويب

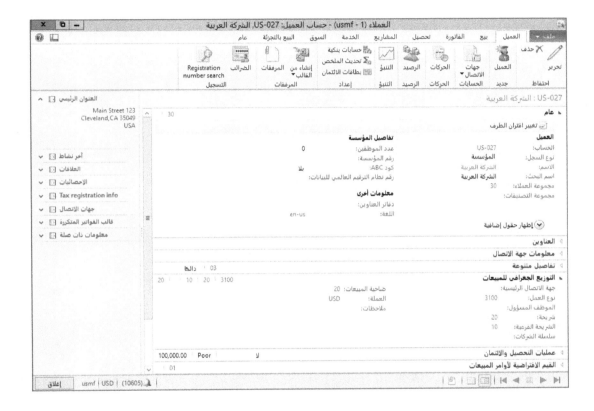

على سبيل المثال: في شاشة العملاء الضغط على "Ctrl+5" سيأخذك مباشرة الى تبويب "التوزيع الجغرافي للمبيعات".

كيفية الاستثناء من عمليات البحث

تعد ميزة التصفية (Filter) في داينامكس AX ميزة رائعة و سهلة الاستخدام لغايات العثور على السجلات. لكن ماذا لو اردت استثناء معلومة بدلا من البحث عنها. تستطيع بسهولة فعل ذلك باستخدام مشغل التصفية "!" كل ما عليك أن تضع رمز مشغل التصفية قبل القيمة المراد استثنائها.

كيفية الاستثناء من عمليات البحث

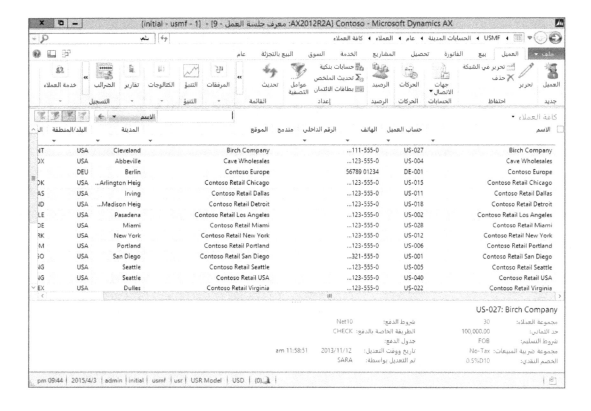

افتح الشاشة المراد تصفيتها ثم قم بالضغط على Ctrl + G لفتح مصفاة الشبكة (Grid Filter) .

كيفية الاستثناء من عمليات البحث

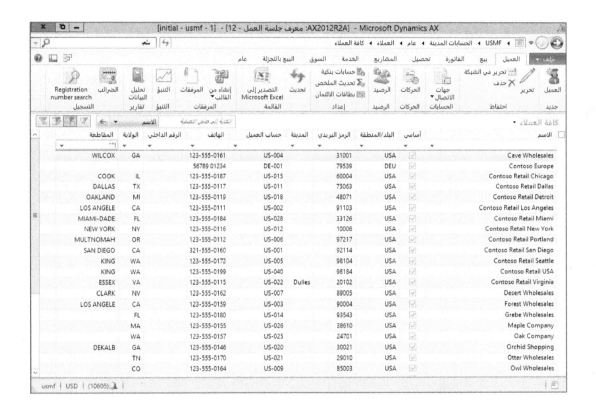

في حقل التصفية قم بكتابة القيمة المراد تصفيتها لكن قم بإضافة علامة الاستفهام "!" قبل كتابة القيمة. في هذا المثال قمنا بكتابة ""! (لاحظ علامات الاقتباس) لابلاغ النظام بإستثناء السجلات الفارغة .

كيفية الاستثناء من عمليات البحث

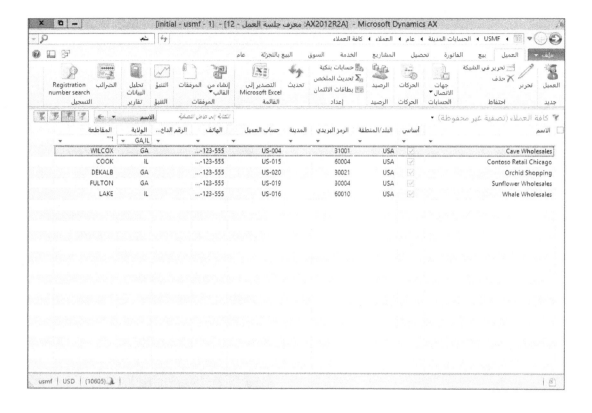

بالإضافة الى ذلك يمكنك وفي نفس الوقت إضافة تصفيات متعددة والفصل فيما بينها باستخدام الفاصلة.

اضغط على زر النجمة لاستعراض بيانات القوائم المنسدلة

إذا كنت من فرسان لوحة المفاتيح وتكره استخدام الماوس فربما تظن أن القوائم المنسدلة ستكون لعنة عليك......
عليك التفكير مرة اخرى. فمن الممكن استعراض جميع القيم في القائمة المنسدلة بالضغط على زر النجمة " * ".
الآن لن تضطر الى شم رائحة الماوس النتنة.

اضغط على زر النجمة لاستعراض بيانات القوائم المنسدلة

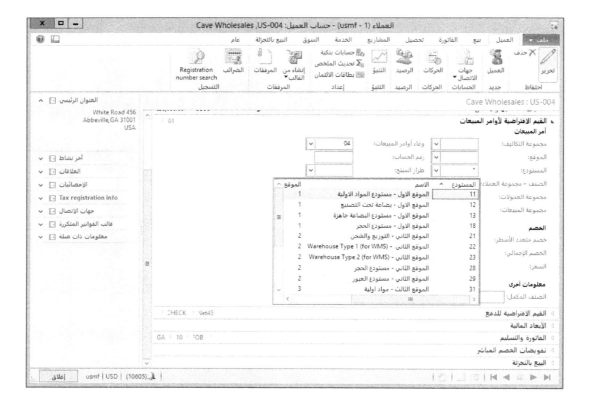

لاستعراض جميع القيم في القائمة المنسدلة اضغط على زر النجمة "*".

اضغط على زر النجمة لاستعراض بيانات القوائم المنسدلة

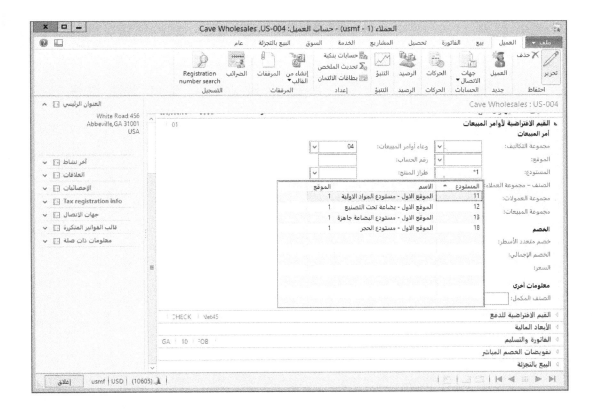

بمقدورك أيضا كتابة الجزء الاول من القيمة المراد البحث عنها ثم الضغط على زر النجمة لتصفية القيم قبل عرضها.

العثور على رقم المنتج باستخدام اسم البحث

في كثير من الاوقات عندما تريد البحث عن المنتجات تلجأ للبحث عنها من خلال اسم المنتج وليس من خلال رقم المنتج . يتيح لك النظام ميزة استخدام اسم البحث الخاص بالمنتج لتتمكن من البحث عنه بسرعة حيث يقوم النظام باستبدال اسم البحث برقم المنتج في حال وجود تطابق وبذلك لن تكون مضطراً لفتح القائمة المنسدلة وتشغيل محدد التصفية . الآن تستطيع التوقف عن حفظ ارقام كل تلك المواد والاصناف.

العثور على رقم المنتج باستخدام اسم البحث

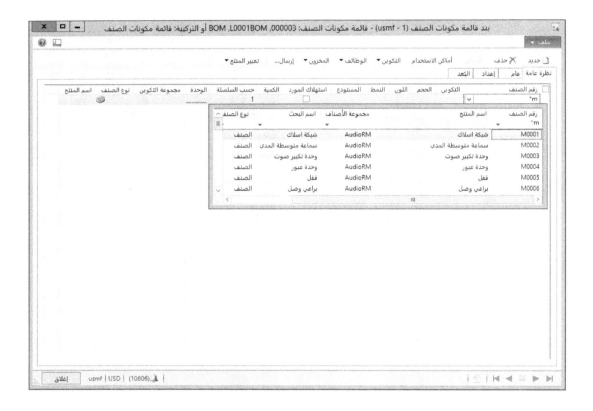

عادة ما يتم البحث عن المنتجات من خلال البحث في قيم القوائم المنسدلة (Dropdown List) عن طريق
استعراضها بالعين المجردة.

العثور على رقم المنتج باستخدام اسم البحث

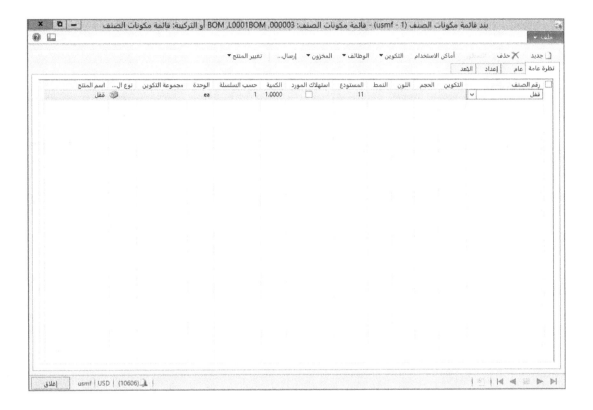

لكن هل قمت بتجربة كتابة اسم البحث للمنتج (Product Search Name) في حقل رقم الصنف
(Product Number) .

العثور على رقم المنتج باستخدام اسم البحث

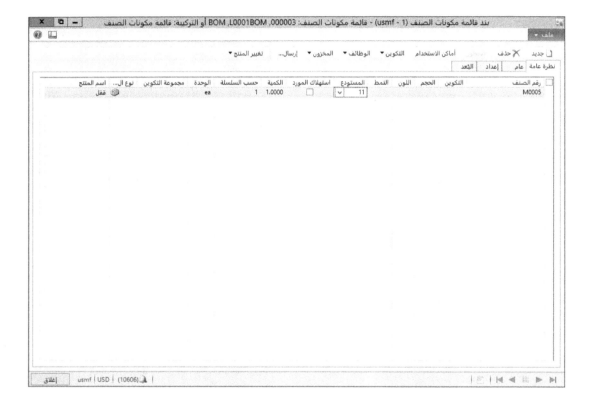

بمجرد أن يتمكن داينامكس AX من العثور على رقم الصنف المرتبط باسم البحث سيتم إستبدال اسم البحث برقم الصنف.

ملاحظة :- يشترط أن يكون اسم البحث فريداً .

استخدام الاختصارات لإدخال التاريخ

يحتوي داينامكس AX على الكثير من الاختصارات التي تتيح لك إمكانية التنقل في أنحاء النظام وتجنبك استخدام الماوس بكثرة. لكن بالإضافة الى ذلك هناك بعض الاختصارات التي يمكن استخدامها لمساعدتك في إدخال البيانات.

أحد الامثلة على ذلك هو عدم الحاجة لكتابة التاريخ كاملا (مثلا 2015/11/ 25) عند إدخال البيانات. يمكنك استخدام الرموز للاشارة الى التاريخ الحالي او حتى جزء من التاريخ (مثلا 2512) حيث سيتم ترجمتها الى تاريخ كامل . ستكون هذه الطريقة مفيدة بشكل كبير عندما تحاول إدخال التواريخ بأسرع الطرق الممكنة.

استخدام الاختصارات لإدخال التاريخ

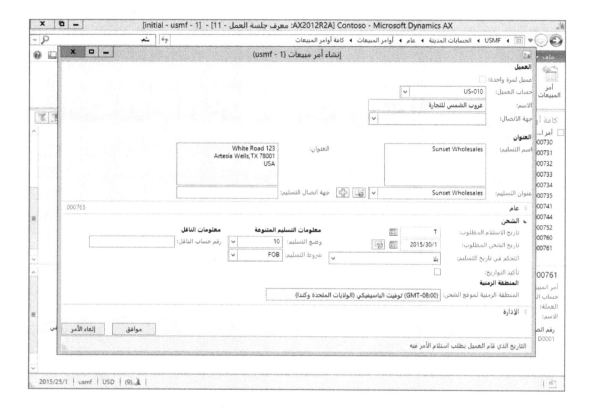

جرب كتابة الحرف "T" في احد حقول التاريخ .

استخدام الاختصارات لإدخال التاريخ

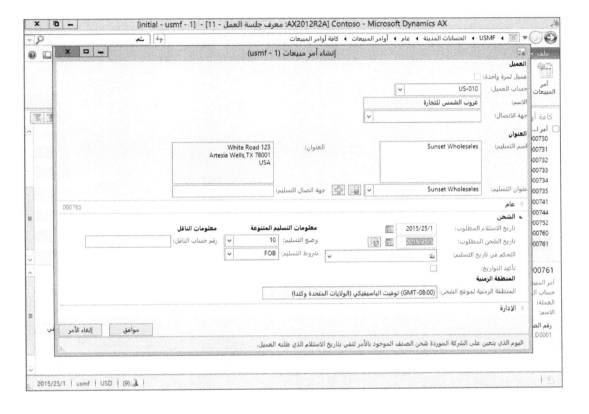

وسيتم على الفور استبداله بتاريخ جهاز المستخدم (Client). من المؤكد هذه الميزة سنكون مفيدة في حال كان تاريخ جهاز الخادم (Server) مختلف.

استخدام الاختصارات لإدخال التاريخ

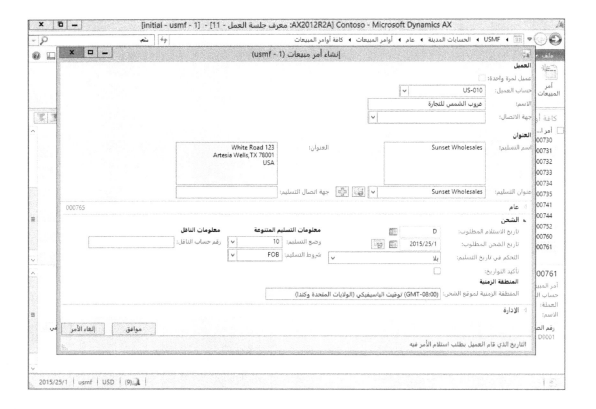

الآن لما لا تجرب كتابة الحرف "D" في احد حقول التاريخ .

استخدام الاختصارات لإدخال التاريخ

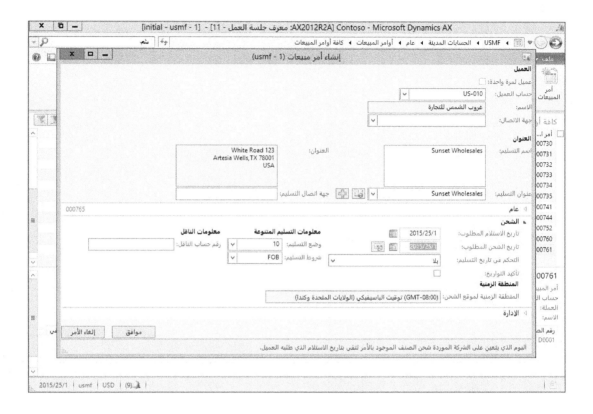

في هذه المرة سيتم استبداله بتاريخ جهاز الخادم (Server).

استخدام الاختصارات لإدخال التاريخ

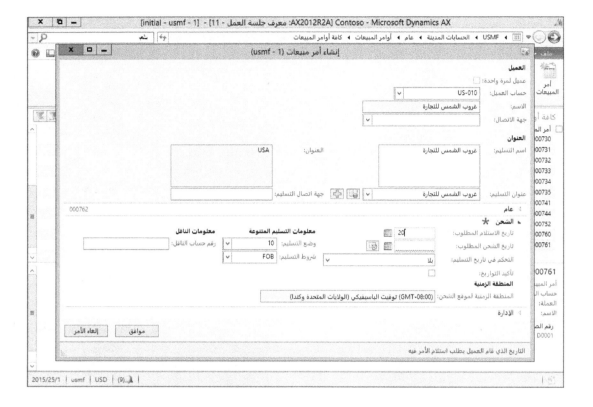

لا تذهب بعيدا لازال هناك المزيد . لماذا تتعب نفسك بكتابة التاريخ كاملا جرب كتابة رقم اليوم فقط على سبيل المثال "20".

استخدام الاختصارات لإدخال التاريخ

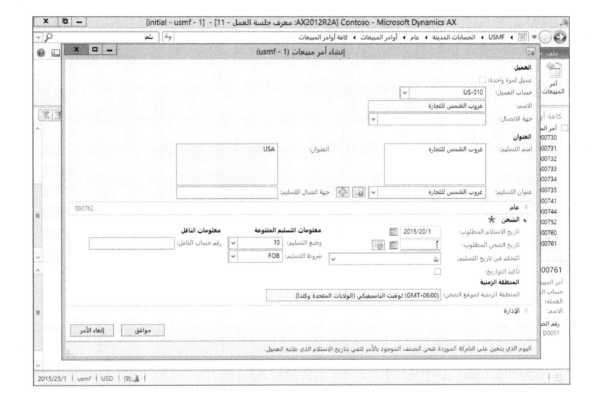

عندها سيقوم النظام بإضافة الشهر والسنة لاستكمال التاريخ.

استخدام الاختصارات لإدخال التاريخ

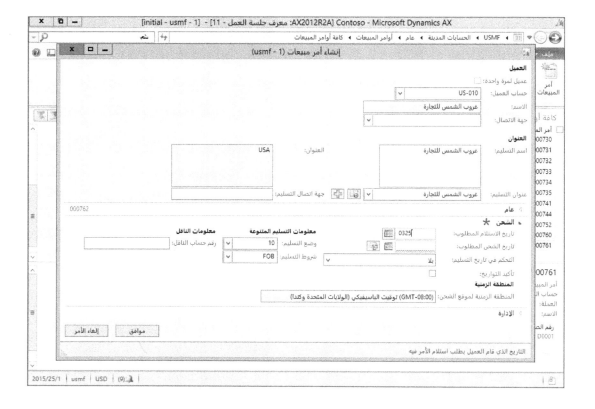

أما في حال كتابة اليوم والشهر في حقل التاريخ. على سبيل المثال "2503".

استخدام الاختصارات لإدخال التاريخ

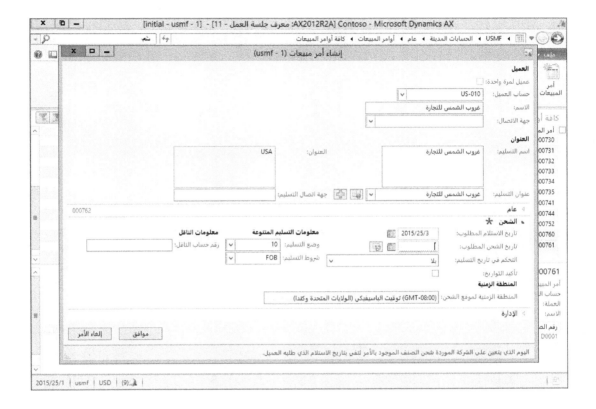

عندها سيقوم النظام بإضافة السنة لاستكمال التاريخ.

استخدام الاختصارات لإدخال التاريخ

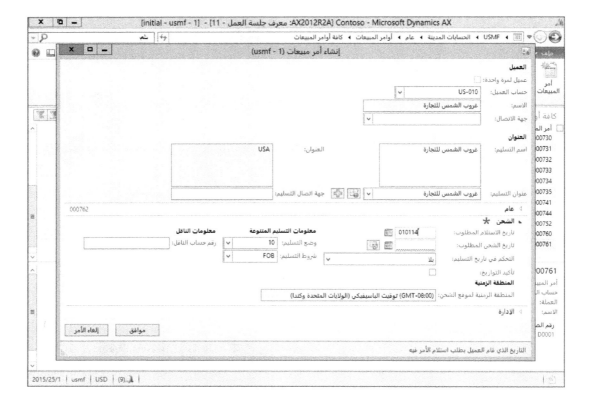

أما في حال كتابة اليوم والشهر والسنة مجموع الى بعضها البعض في حقل التاريخ. على سبيل المثال "010114".

استخدام الاختصارات لإدخال التاريخ

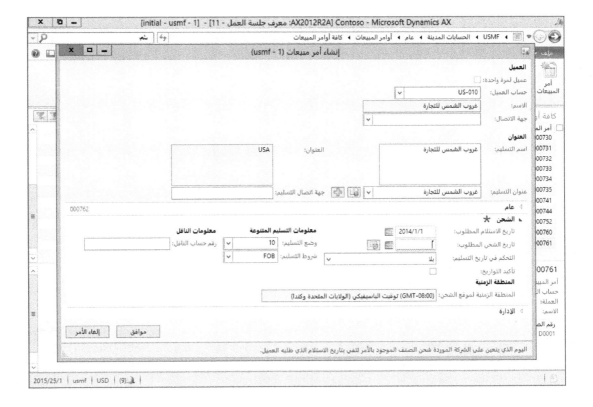

عندها سيقوم النظام باستبدالها بالتاريخ الكامل.

اطلب من داينامكس AX أن يحسب اخر يوم في الشهر

هناك الكثير من الميزات الصغيرة في داينامكس AX التي يمكن أن توفر الوقت والجهد الذي تبذله أثناء محاولاتك لحساب بعض الامور.

احد الامثلة على ذلك هو ما تفعله أثناء إدخال التواريخ . على الارجح أنك اضطررت لإدخال تاريخ اخر يوم في الشهر ثم توقفت لتتفكر كم عدد ايام هذا الشهر هل هي 28، 29،30ام 31 . في المرة القادمة استخدم 31 وسيقوم داينامكس AX بتحويل التاريخ الى القيمة الصحيحة. مباشرةً

اطلب من داينامكس AX أن يحسب اخر يوم في الشهر

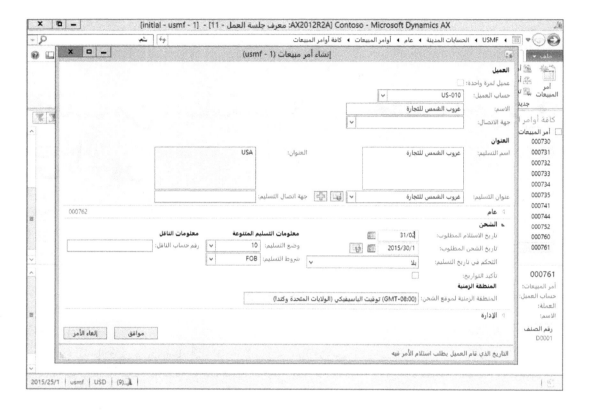

في كثير من الاحيان وأثناء إدخال البيانات على النظام ربما نتوقف قليلا عند إدخال التاريخ لاحتساب اخر يوم في الشهر. لا داعي لفعل ذلك مرة اخر فقط قم بكتابة "31".

اطلب من داينامكس AX أن يحسب اخر يوم في الشهر

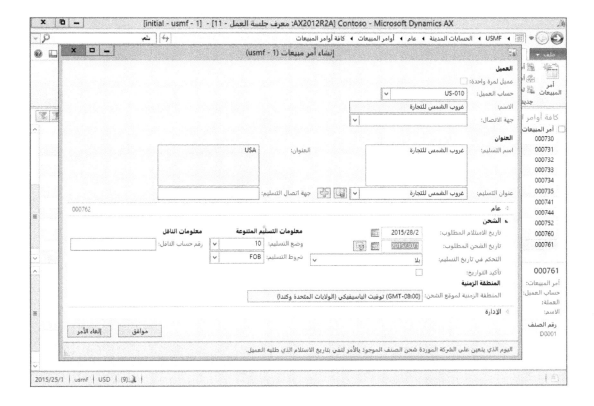

عندها سيقوم داينامكس AX باحتساب اخر يوم في الشهر.

تهيئة شريط الحالة بما يتناسب مع احتياجاتك

الهدف من وجود شريط الحالة (Status Bar) في واجهة عمل داينامكس AX هو إتاحة طريقة سريعة لرؤية إعدادات المعلمات (Parameter) بطريقة بسيطة وبدون فوضى إضافية في واجهة العمل. لكن قد يكون الشكل الافتراضي لشريط الحالة يُظهر معلومات أكثر مما تحتاجه. إذا كنت تفضل أن تكون الامور مرتبة وأنيقة ولا ترغب في رؤية معلومات زائدة عن حاجتك فمن الممكن تغير المعلومات التي تظهر في شريط الحالة من خلال خِيارات النظام.

كما كانت تقول جدتي "طاولة أنيقة تعني عقلية مرتبة ".

تهيئة شريط الحالة بما يتناسب مع احتياجاتك

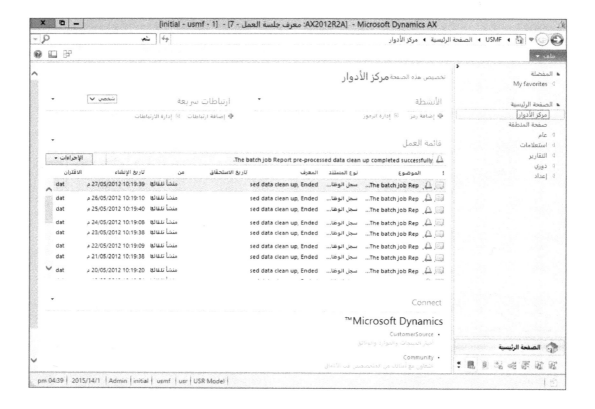

قد يُظهر شريط الحالة الكثير من المعلومات التي لا تهمك.

تهيئة شريط الحالة بما يتناسب مع احتياجاتك

لحسن الحظ تستطيع تهيئة شريط الحالة ليتناسب مع احتياجاتك. انقر على "ملف" ثم قم باختيار "أدوات" ثم "خِيارات".

تهيئة شريط الحالة بما يتناسب مع احتياجاتك

عند ظهور نافذة الخيارات قم باختيار " شريط الحالة " من يمين النافذة. عندها ستظهر لك كافة الخيارات المتاح لك إضافتها على شريط الحالة.

تهيئة شريط الحالة بما يتناسب مع احتياجاتك

بمقدورك التخلص من جميع المعلومات الزائدة عن حاجتك وإضافة المعلومات المفيدة لك من خلال اختيار او ازلة تحديد الخانات في هذه النافذة.

تهيئة شريط الحالة بما يتناسب مع احتياجاتك

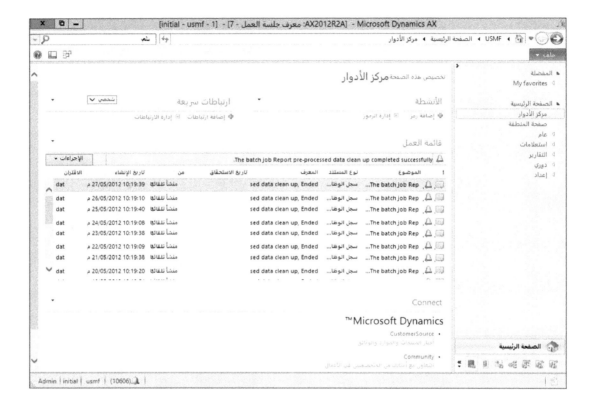

الآن سيبدوا شريط الحالة مرتبا بطريقة أفضل.

تهيئة شريط الحالة بما يتناسب مع احتياجاتك

أما إن كنت تفضل إخفاء شريط الحالة تماماً فيمكنك فعل ذلك من خلال تعديل قيمة الخِيار "اظهار شريط الحالة" الى "بلا".

تهيئة شريط الحالة بما يتناسب مع احتياجاتك

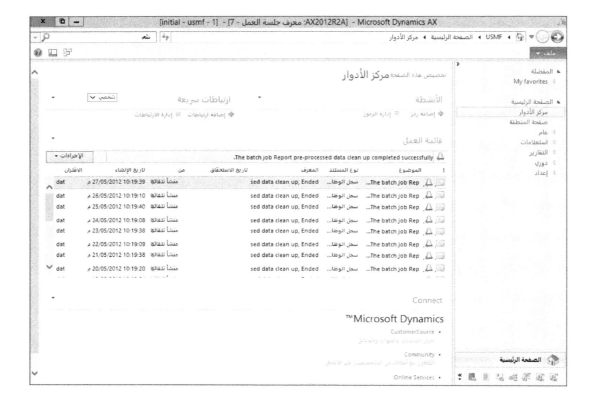

عندها ستلاحظ إختفاء شريط الحالة من واجهة الاستخدام مما يتيح لك مساحة اكبر ولو قليلاً على الشاشة.

تهيئة داينامكس AX لاشعارك عند وجود مرفقات

تعد القدرة على إرفاق الوثائق مع أي سجل – تقريبا – من سجلات داينامكس AX أداة عظيمة نظرا لانها تتيح لك إمكانية نقل كافة الملفات المستخدمة والتي عادة ما تكون مبعثرة في جهازك الشخصي او على الشبكة لتصبح في متناول الجميع. لكن الامر لا يتوقف عند ذلك الحد فمن الممكن جعل الفائدة أكبر من خلال تفعيل ميزة الاخطار الموجودة في شاشة خيارات النظام والتي بدورها ستحُث AX لتسليط الضوء على زر المرفقات عند وجود وثائق مرتبطة مع السجل الذي قمت باختياره. عندها ستعرف على الفور إن كان هناك ملفات يمكنك مراجعتها.

تهيئة داينامكس AX لاشعارك عند وجود مرفقات

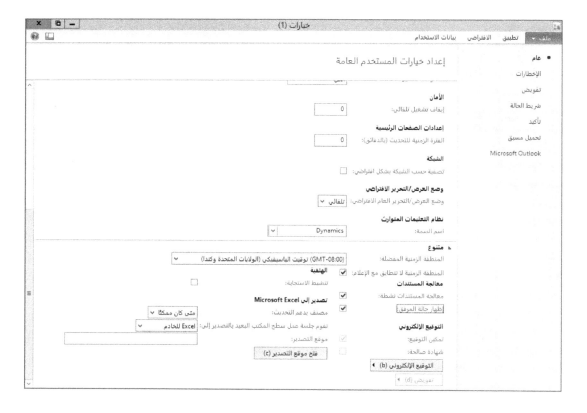

انقر على قائمة "ملف" في واجهة الاستخدام ثم "أدوات" ثم "خِيارات" ثم في علامة التبويب "عام" انتقل لاسفل الصفحة حتى تصل الى مجموعة متنوع ثم تأكد من اختيار "اظهار حالة المرفق".

تهيئة داينامكس AX لاشعارك عند وجود مرفقات

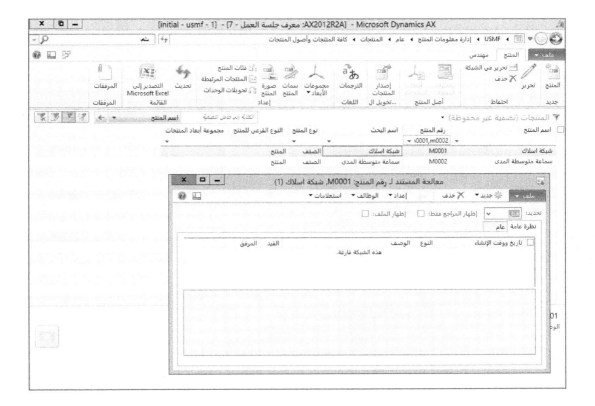

الآن قم بالتنقل بين السجلات ستلاحظ أن أيقونة المرفقات لاتزال على حالها في حال عدم وجود مرفقات مع السجلات.

تهيئة داينامكس AX لاشعارك عند وجود مرفقات

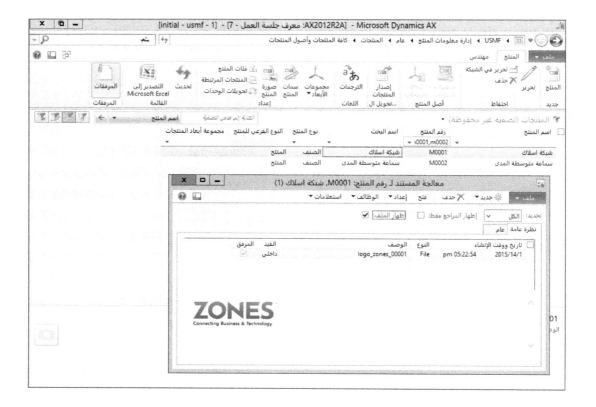

لكن في حال وجود مرفقات مرتبطة بالسجل سيقوم النظام بتسليط الضوء على أيقونة المرفقات.

التحكم في نوعية الاشعارات التي يظهرها داينامكس AX

على الرغم من أن ظهور الاخطارات حول ما تقوم به او الاخطاء التي تمر بها هو أمر جيد ويشعرك بالراحة. لكن قد تكون ممن يفضلون رؤية الاخطاء فقط ولا تريد استمرار ظهور نافذة الاخطارات في كل مرة يتم فيها إنشاء دفتر يومية جديد مثلاً. لحسن الحظ أن هناك إعدادات تتحكم في مستوى التفاصيل المراد أن يُظهرها النظام. فمن الممكن وبسهولة أن تطلب إظهار كل او بعض او ربما منع الاخطارات أثناء عملك على النظام مما يتيح لك فرصة للإنكباب على العمل دون ظهور نافذة الاخطارات.

التحكم في نوعية الاشعارات التي يظهرها داينامكس AX

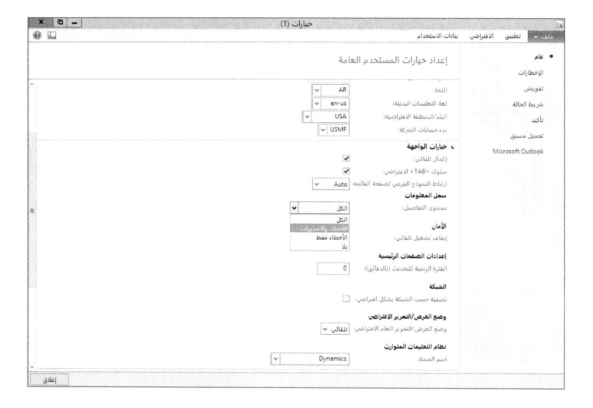

من واجهة الاستخدام انقر على قائمة "ملف" ثم "أدوات" ثم "خِيارات" ثم قم بتغير مستوى التفاصيل للاخطارات من خلال تغير القيمة في قائمة "مستوى التفاصيل" .

ملاحظة: على الارجح أن اختيار القيمة "بلا" لن تكون فكرة سديدة نظرا لأن ذلك سيؤدي الى منع ظهور الاخطاء وبالتالي لن يكون لديك أي فكرة عما يحدث. أما اختيار "الاخطاء فقط" يعد خياراً جيداً لأهل الخبرة.

الآن وبعد تحديد مستوى التفاصيل الذي ترغب باستخدامه قم بالنقر على زر الاغلاق لحفظ اختياراتك

إيقاف التحذيرات أثناء التنقل بين الشركات

إذا كنت تملك أكثر من شركة في داينامكس AX فعلى الارجح أنك شاهدت نافذة الاخطارات التي تظهر في كل مرة تنتقل فيها من شركة الى شركة اخرى. في البداية تكون مفيدة لكن بعد خمس او ست او الف مرة تصبح مزعجة لأنك على الارجح أصبحت تدرك أنك انتقلت الى شركة اخرى.

إذا كنت تفضل إخفاء هذا الاخطار فهناك خِيار لذلك.

إيقاف التحذيرات أثناء التنقل بين الشركات

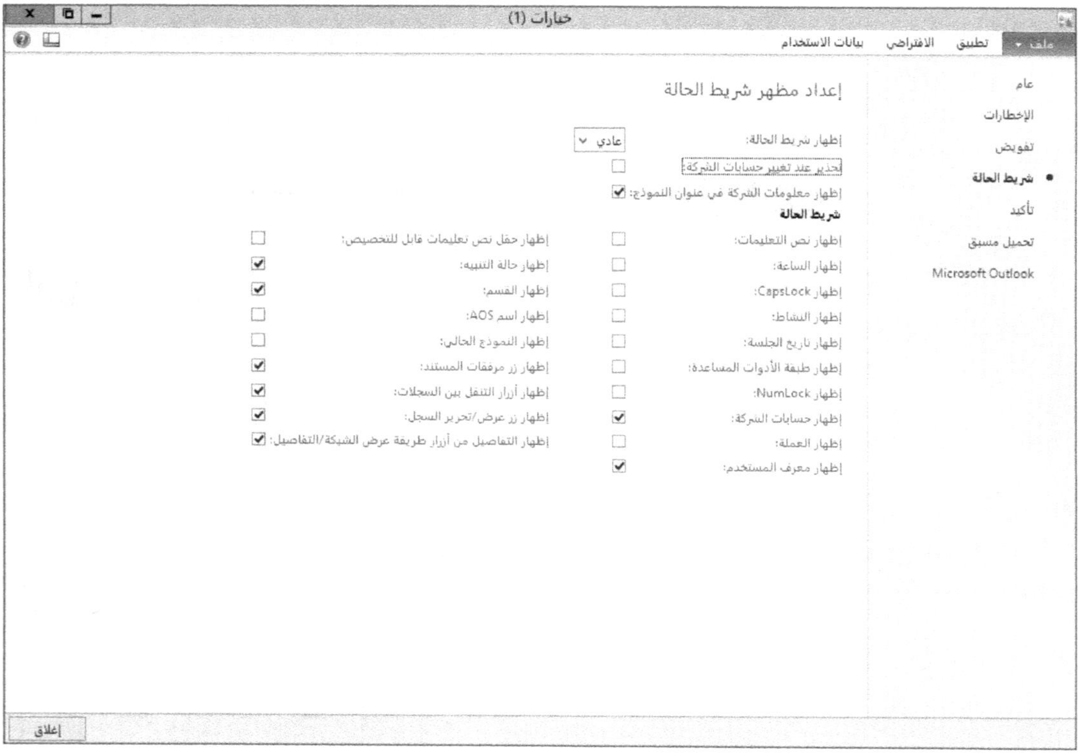

من واجهة الاستخدام انقر على قائمة "ملف" ثم "أدوات" ثم "خيارات" ثم قم باختيار علامة التبويب "شريط الحالة" من على يمين الشاشة. ثم قم بإزالة إشارة "صح" من خانة "تحذير عند تغير حسابات الشركة" ثم انقر على زر إغلاق للخروج من شاشة الخيارات.

إيقاف التحذيرات أثناء التنقل بين الشركات

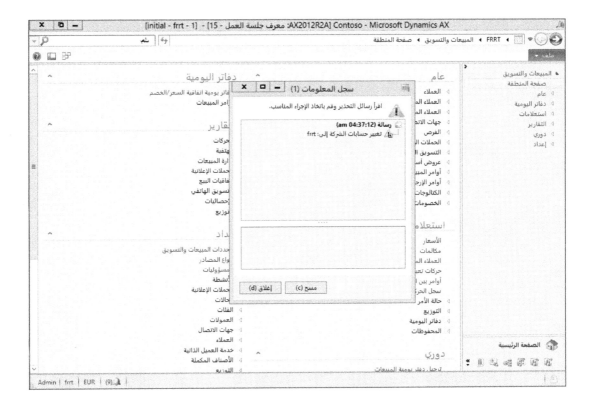

الآن لن يعود هذا الاخطار المزعج للظهور.

حِيل باستخدام وظائف النظام

يحتوي دايناميكس AX على الكثير من الوظائف الاساسية والتي تعد نقطة البداية فقط. فهناك العديد من الميزات التي تم إضافتها لدعم هذه الوظائف الاساسية والارتقاء بها الى مستوى أعلى.

في هذا الفصل سنناقش كيفية استخدام بعض هذه الميزات مثل تبسيط عملية الموافقات من خلال سير العمل (Workflow)، استخدام الحالات (Cases) لإدارة الحوادث والقضايا ، كيفية إرسال الوثائق بشكل اتوماتيكي من خلال تهيئة إدارة الطباعة ، زيادة التعاون مع شركاء العمل باستخدام البوابات الالكترونية ، استخدام شاشة "تسجيل الوظيفة" لتبسيط معاملات الإنتاج.

الموافقات على قيود الاستاذ العام باستخدام سير العمل

تعد ميزة سير العمل (Workflow) المنتشرة في جميع وحدات داينامكس AX طريقة رائعة للتأكد من أن المهام تُنفذ بالوقت المناسب و تضمن تنفيذها من قبل الاشخاص المعنيين. كما تتيح للمستخدم فرصة لمعرقة المهام المرتبطة به.

مثال : إنشاء سير عمل في وحدة الاستاذ العام لضمان عدم ترحيل مدخلات وقيود احد دفتر اليومية قبل أن تتم عملية المراجعة والموافقة .

يبدو أن كثير من الناس لديهم رهبة عندما يتعلق الامر بإعداد سير العمل. ربما لاعتقادهم أنها تتطلب كتابة اكواد برمجية وهذا ابعد ما يكون عن الحقيقة. فعملية إعداد سير العمل تعد عملية بسيطة واشبه ما تكون برسم تخطيطي يصف ما تريد القيام به.

الموافقات على قيود الاستاذ العام باستخدام سير العمل

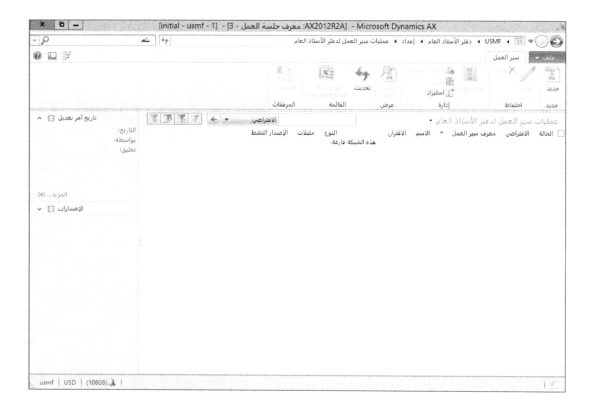

قبل البدء في عملية الموافقة على مدخلات دفاتر اليومية لابد من إعداد سير العمل الذي سيتم استخدامه خلال عمليات الموافقات. للقيام بذلك قم بفتح شاشة "عمليات سير العمل لدفتر الاستاذ العام" الموجودة في قسم "إعداد" في وحدة الاستاذ العام.

ثم انقر على زر "جديد" من شريط الازرار الموجود في اعلى الشاشة.

الموافقات على قيود الاستاذ العام باستخدام سير العمل

عند ظهور نافذة إنشاء سير العمل قم باختيار "سير عمل دفتر اليومية بدفاتر الاستاذ العام " – نظراً لأننا سنقوم بإعداد سير العمل لدفتر من نوع دفتر يومية – ثم انقر على زر "إنشاء سير العمل".

الموافقات على قيود الاستاذ العام باستخدام سير العمل

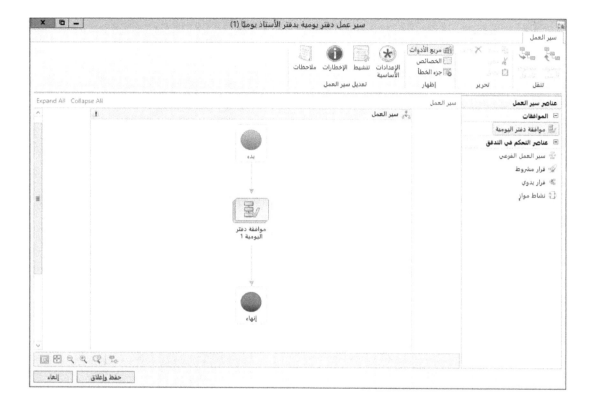

عند ظهور شاشة المصمم قم بإنشاء سير عمل بسيط من خلال سحب عنصر "موافقة دفتر يومية" الى مساحة العمل ثم قم بربطه بعقدة "بدء" وعقدة "إنهاء".

لم ينتهي الإعداد بعد فما زلت بحاجة لتحديد المستخدمين في خطوات الموافقة وإدخال اوصاف للعقد. لاتقلق سيقوم النظام بتوجيهك لتحديث كل ما يلزم من خلال نافذة الرسائل الموجودة في اسفل الشاشة.

عند الإنتهاء من تحديث جميع البيانات اللازمة انقر على زر "حفظ واغلاق" لحفظ سير العمل. ثم قم بتفعيل سير العمل بحيث يكون صالح للاستخدام في داينامكس AX.

الموافقات على قيود الاستاذ العام باستخدام سير العمل

توجه الآن الى وحدة الاستاذ العام ثم قسم "إعداد" ثم مجلد "الدفاتر" ثم شاشة "أسماء دفاتر اليومية".

قم بتحديد دفتر اليومية المراد التحكم به من خلال سير العمل الذي قمت بتصميمه سابقا . ثم قم باختيار "سير عمل الموافقة" ثم من قائمة "سير العمل" قم بتحديد سير العمل المراد تطبيقه .

الموافقات على قيود الاستاذ العام باستخدام سير العمل

الآن و بمجرد البدء في تسجيل الإدخالات في دفتر اليومية الذي قمت بربط سير العمل به ستلاحظ أن زر "ترحيل" اصبح غير فعال. كما ستلاحظ ظهور زر "إرسال" الذي يعمل على بدء سير العمل بمجرد النقر عليه .

الموافقات على قيود الاستاذ العام باستخدام سير العمل

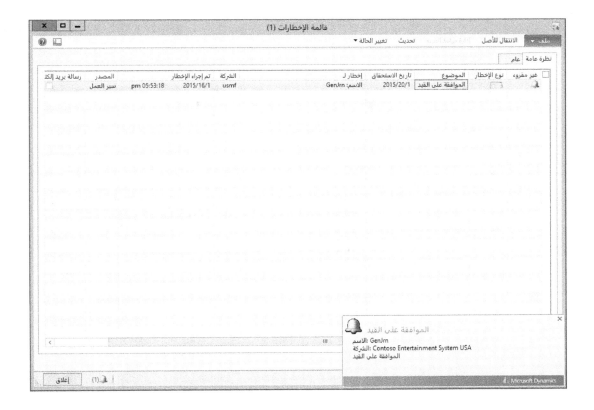

سيتم إخطار المستخدم المسؤول عن الموافقة على سير العمل من خلال شاشة الاخطارات او التنبيهات او عبر البريد الالكتروني وفقا لما تم إعداده في خيارات الاخطارات عند تصميم سير العمل .

الموافقات على قيود الاستاذ العام باستخدام سير العمل

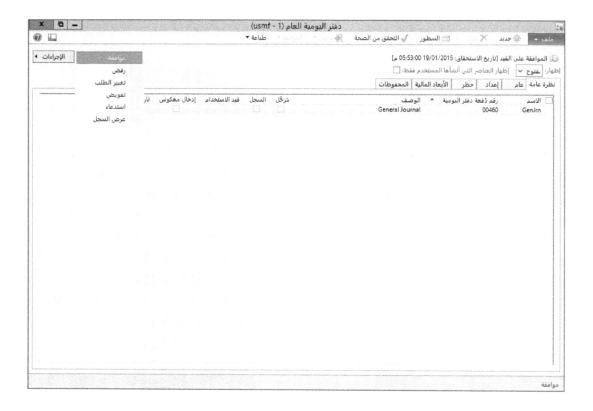

تستطيع الانتقال بشكل مباشر الى السجل المراد الموافقة عليه من خلال النقر على زر "الانتقال للأصل" الموجود في نافذة التنبيهات. عند الانتقال الى السجل انقر على زر "الإجراءات" ثم قم يتحديد الإجراء المناسب. للسماح للمستخدم بترحيل دفتر اليومية قم باختيار الاجراء "موافقة" من قائمة الإجراءات.

الموافقات على قيود الاستاذ العام باستخدام سير العمل

بمجرد الموافقة على دفتر اليومية سيصبح الدفتر قابل للترحيل وسيكون الإجراء الوحيد المتاح في قائمة الإجراءات هو "عرض السجل".

الموافقات على قيود الاستاذ العام باستخدام سير العمل

الذي يسمح للمستخدم بمراجعة التاريخ الكامل لسير العمل كما يتيح إمكانية مشاهدة جميع التعليقات التي تم تسجيلها أثناء مراحل سير العمل.

متابعة شكاوئ العملاء باستخدام إدارة القضايا

مع الاصدار الاخير لداينامكس AX تم توفير ميزة جديدة تسمى "الحالات". تسمح لك هذه الميزة بإنشاء ملفات لمتابعة أي من القضايا التي تنشئء خلال أعمالك التجارية. هي ليست مجرد نظام لتسجيل الاحداث فقط فهي تتيح لك إمكانية إضافة المرفقات وتسجيل النشاطات المتعلقة بالحالة كما توفر لك إمكانية متابعة تقدم العمل من خلال سير العمل (Workflow) بحيث تضمن إجراء الامور بالطريقة الصحيحة. وتعد احد الطرق التي يمكنك الاستفادة منها لمتابعة شكاوئ وقضايا العملاء نظرا لإمكانية إنشاء الحالات من شاشات النظام الرئيسية بشكل مباشر.

متابعة شكاوئ العملاء باستخدام إدارة القضايا

لإنشاء حالة لأي من العملاء توجه الى شاشة "كافة العملاء" ثم من شريط الازرار في التبويب "عام" قم بالنقر على زر "الحالة" .

متابعة شكاوى العملاء باستخدام إدارة القضايا

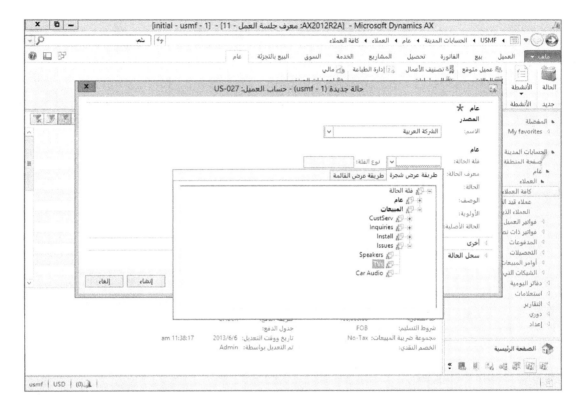

عند ظهور نافذة "حالة جديدة" قم بتحديد فئة الحالة من قائمة "فئة الحالة". يتم تكوين قائمة "فئة الحالة" من قبل المستخدم وبالامكان تعديلها لإضافة العديد من المستويات حسب الحاجة.

ملاحظة : سيتم ملء حقل "الاسم" باسم العميل الذي تم تحديده في شاشة "كافة العملاء" قبل النقر على زر "الحالة".

متابعة شكاوى العملاء باستخدام إدارة القضايا

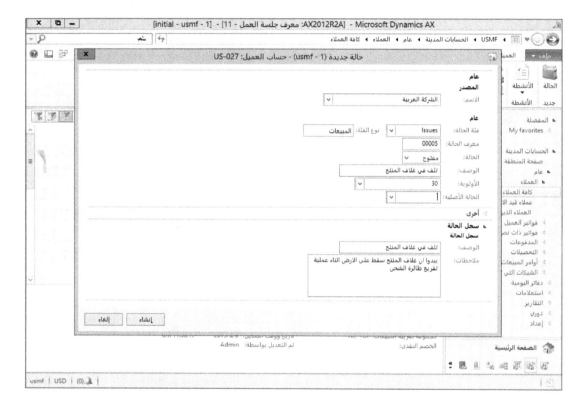

قم بملء جميع المعلومات المتعلقة بهذه الحالة و الموجودة في تبويب "اخرى". والتي تشمل الدائرة والموظف المسؤولان عن هذه الحالة إضافة إلى الوصف والملاحظات.

متابعة شكاوئ العملاء باستخدام إدارة القضايا

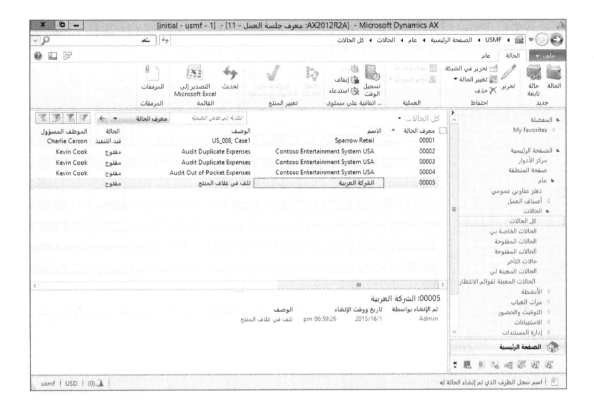

الآن سيتم تعقب الحالة داخل النظام وسيكون المستخدم قادرا على رؤية جميع الحوادث التي تم الإبلاغ عنها وبامكانه تصفيتها حسب المنتج او العميل.

متابعة شكاوى العملاء باستخدام إدارة القضايا

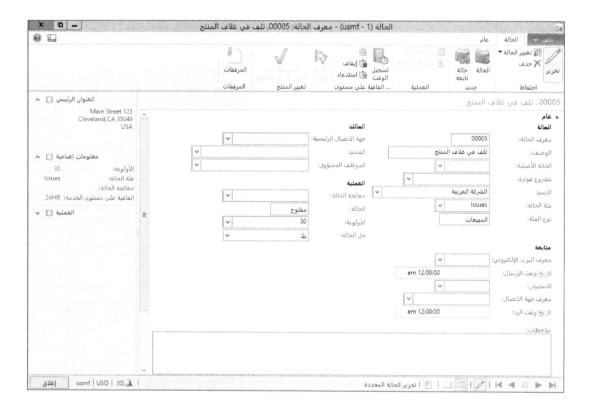

طبعا هناك الكثير من التفاصيل التي يمكنك تعقبها للحالة بما في ذلك العدد غير المحدود من الملاحظات والتعليقات.

استخدام المقالات المعرفية للمساعدة في إيجاد حلول لشكاوىٰ العملاء

لا توجد حلول سحرية عندما يتعلق الامر بحل قضايا مثل شكاوىٰ العملاء. لكن عادة ما يكون لدينا بعض الحلول التي سبق أن أثبتت نجاحها في مرات عديدة وعادة ما نلجأ لاستخدامها باعتبارها خط الدفاع الاول .

يسمح لك النظام بتخزين هذه الحلول علىٰ شكل وثائق تعرف بالمقالات المعرفية ويعطيك الفرصة لربط هذه المقالات بالحالات بحيث تكون في متناول يدك في كل مرة تنشىء حالة جديدة . الآن ستكون مستعدا للإجابة علىٰ أسئلة العملاء الصعبة دون الحاجة للرجوع الىٰ الارشيف الورقي او سوأل احد زملائك عن حلول لهذه الحالة .

استخدام المقالات المعرفية للمساعدة في إيجاد حلول لشكاوئ العملاء

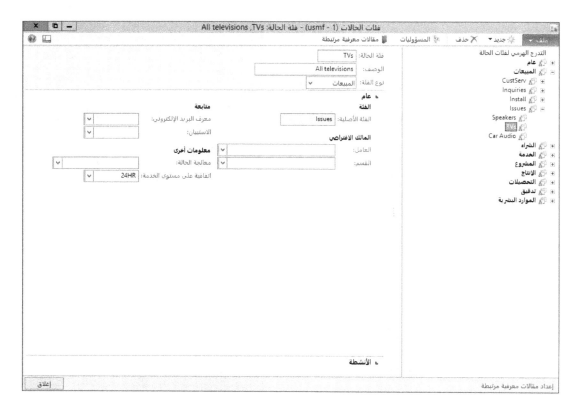

في شاشة "فئات الحالات" قم بتحديد نوع الفئة المراد ربطها بالمقالات المعرفية ثم قم بالنقر على زر "مقالات معرفية مرتبطة" الموجود في شريط الازرار.

استخدام المقالات المعرفية للمساعدة في إيجاد حلول لشكاوى العملاء

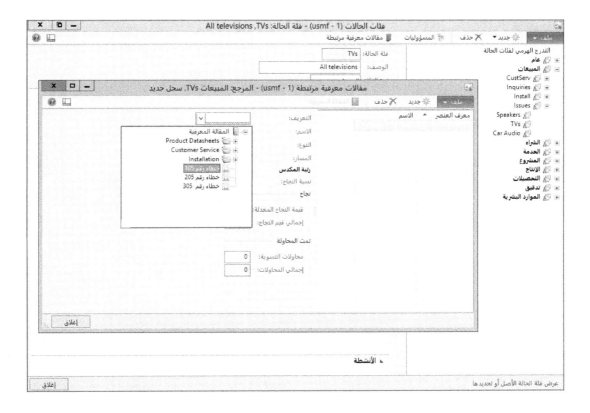

بمجرد ظهور نافذة "مقالات معرفية مرتبطة" يمكنك البدء بإضافة مقالات معرفية جديدة من مكتبتك. حيث ستعمل هذه المقالات على مساعدتك في إيجاد حلول للقضايا والحالات .

استخدام المقالات المعرفية للمساعدة في إيجاد حلول لشكاوى العملاء

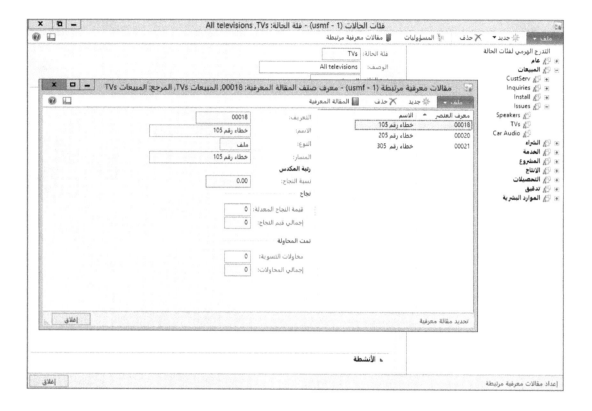

بعد الإنتهاء من إضافة المقالات المعرفية المناسبة قم بإغلاق النافذة.

استخدام المقالات المعرفية للمساعدة في إيجاد حلول لشكاوى العملاء

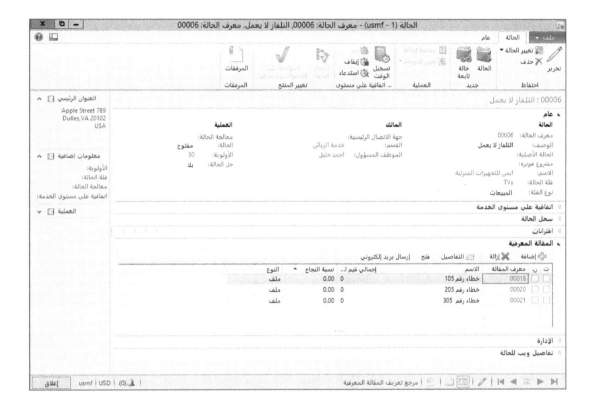

الآن وبمجرد إنشاء حالة جديدة وتصنيفها من نفس " فئة الحالة " المرتبط بمقالات معرفية ستلاحظ ظهور هذه المقالات في شاشة "الحالة " في تبويب "المقالات المعرفية ".

استخدام المقالات المعرفية للمساعدة في إيجاد حلول لشكاوئ العملاء

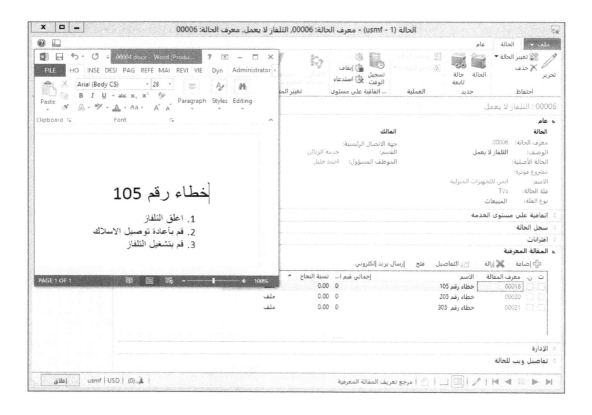

عند النقر على أي من المقالات المعرفية سيتم فتحها مما يسهل عليك الرجوع اليها بسرعة.

استخدام المقالات المعرفية للمساعدة في إيجاد حلول لشكاوئ العملاء

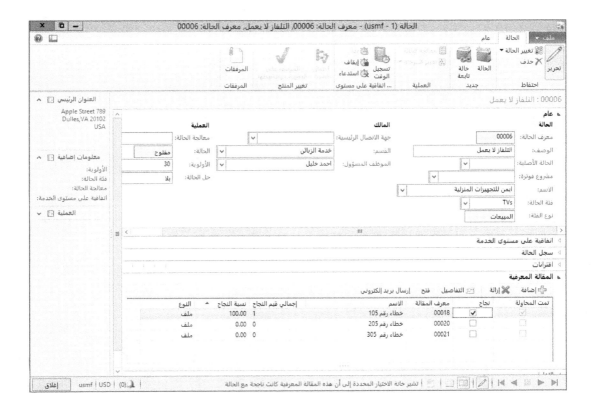

يمكنك أيضا تتبع ما إذا كانت هذه المقالات المعرفية قد جرئ استخدامها مسبقا وإذا ما كانت قد نجحت في حل المشكلات. مما يعني أنك تستطيع رؤية مدئ الفائدة من استخدام هذه المقالات المعرفية.

معالجة أوامر التعديل الهندسية باستخدام إدارة القضايا

مع صدور التحديث التراكمي السابع (CU7) لداينامكس AX تم إضافة نوع جديد من " فئات الحالات" تدعى "تغير المنتج" . كما تم السماح بإنشاء الحالات من شاشة "إدارة المنتج" مما يعني القدرة على إنشاء حالات وربطها مع المنتجات الصادرة (Released Product) او مكوناتها الفرعية (BOM) او طرق إنتاجها (Route).

وبالإضافة الى ذلك تم تحسين ميزات إدارة الحالات بحيث تسمح بإجراء تحليل للمواد يدعى "اماكن الاستخدام" يساعد هذا التحليل في إيجاد المنتجات التي يتم فيها استخدام هذه المواد . مما يعطيك الفرصة لإضافتها الى طلب تغير المنتج.

كم هي رائعة هذه الطريقة لمعالجة طلبات تعديل المنتج .

معالجة أوامر التعديل الهندسية باستخدام إدارة القضايا

بداية عليك الوصول الى شاشة "فئات الحالات" وإضافة فئة جديدة حتى تتمكن من طلب أمر التعديل الهندسي.

معالجة أوامر التعديل الهندسية باستخدام إدارة القضايا

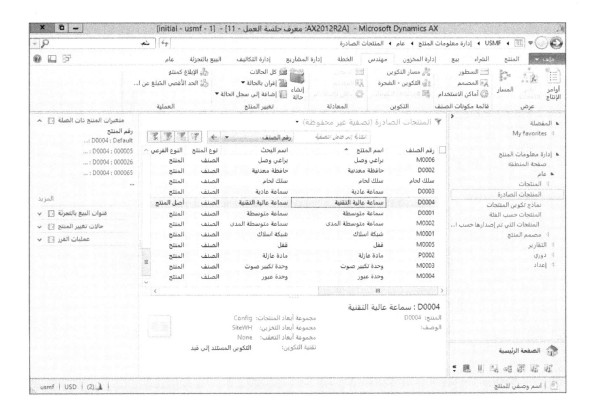

ستلاحظ وجود مجموعة من الازرار الجديدة المتعلقة بتغير المنتج في تبويب "مهندس" الموجود في شاشة "المنتجات الصادرة". ستسمح لك هذه الازرار بإنشاء حالات متعلقة بتغير المنتج.

معالجة أوامر التعديل الهندسية باستخدام إدارة القضايا

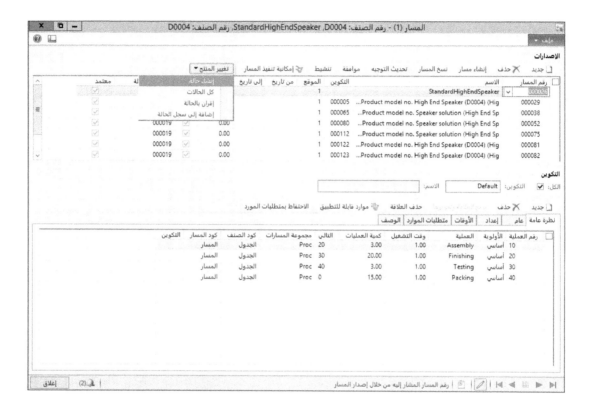

وأيضا في شاشة "المسار" ستلاحظ وجود قائمة جديدة تدعى "تغير المنتج" تستطيع من خلالها إنشاء حالات لتغير المنتج .

معالجة أوامر التعديل الهندسية باستخدام إدارة القضايا

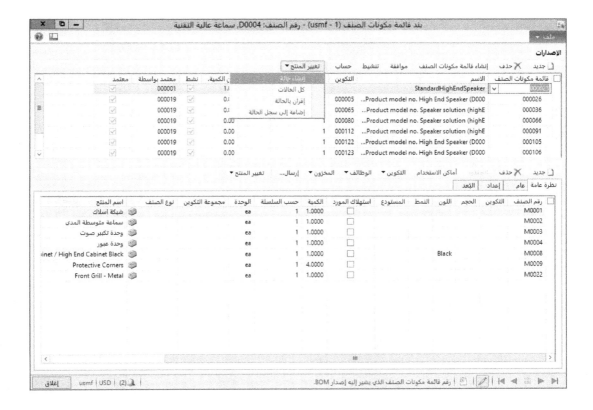

وأخيراً في شاشة "بند قائمة مكونات الصنف" ستلاحظ أيضا وجود قائمة "تغير المنتج" التي تم إضافتها حديثا.

معالجة أوامر التعديل الهندسية باستخدام إدارة القضايا

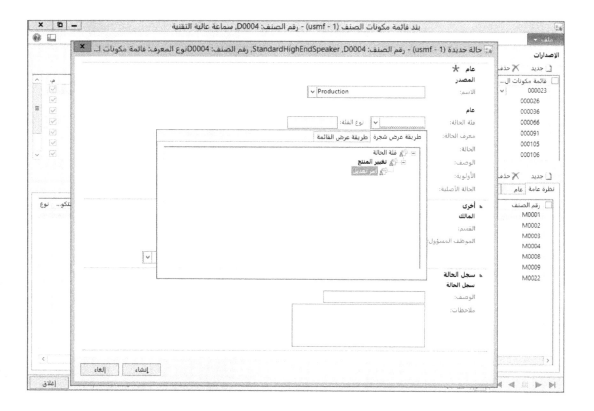

عند النقر على "إنشاء حالة" من قائمة "تغير المنتج" سيكون بمقدورك إنشاء حالة جديدة واختيار فئة تغير المنتج التي قمت بإعدادها سابقا.

معالجة أوامر التعديل الهندسية باستخدام إدارة القضايا

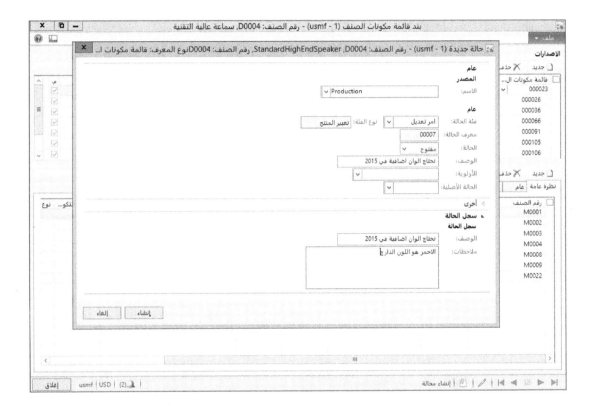

عندها ستكون قادرا على ملء حقول الوصف والملاحظات لحالة تغير المنتج. عندما تنتهي من ذلك قم بالنقر على زر "إنشاء" لإنشاء أمر تعديل هندسي.

معالجة أوامر التعديل الهندسية باستخدام إدارة القضايا

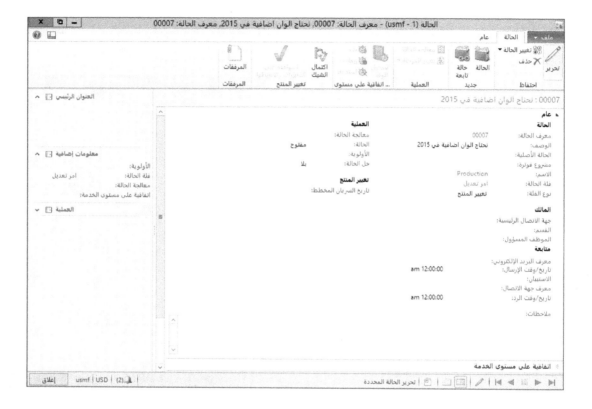

وبهذه الطريقة ستكون قد نجحت في إنشاء حالة لامر التعديل الهندسي . مما يعني أنك اصبحت قادراً على تتبع
طلبات أوامر التعديل الهندسي من خلال الحالة .

معالجة أوامر التعديل الهندسية باستخدام إدارة القضايا

أما إن اردت ربط احد الاصناف بطلب تغير المنتج قم بتحديد الصنف من مكونات الصنف (BOM) ثم قم باختيار "إقتران الصنف بالحالة" من قائمة "تغير المنتج" الموجودة في شريط الازرار في الجزء السفلي من الشاشة.

معالجة أوامر التعديل الهندسية باستخدام إدارة القضايا

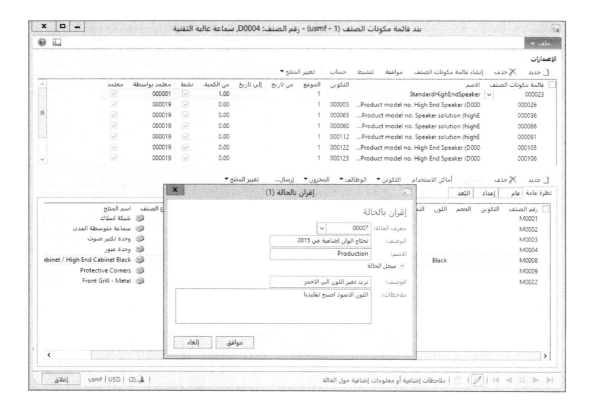

في نافذة "إقران بالحالة" قم باختيار الحالة المرتبطة بطلب تغير المنتج المراد ربط الصنف معه. ثم قم بإضافة أي
ملاحظات ترغب في تمريرها.

معالجة أوامر التعديل الهندسية باستخدام إدارة القضايا

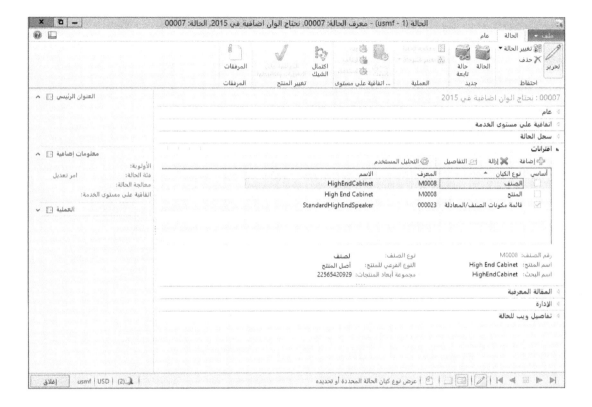

الآن عندما تنظر الى حالة طلب تغير المنتج ستلاحظ أن الصنف و المنتج قد ارتبطت بالحالة.

إذا قمت باختيار الصنف ستتمكن عندها من النقر على زر "التحليل المستخدم" لمعرفة جميع الاصناف وقوائم مكونات الاصناف (BOM's) التي يعد هذا الصنف احد مكوناتها.

معالجة أوامر التعديل الهندسية باستخدام إدارة القضايا

لإضافة جميع قوائم مكونات الاصناف (BOM's) الى طلب تغير المنتج انقر على زر " إقران الكل بالحالة" من أسفل الشاشة.

معالجة أوامر التعديل الهندسية باستخدام إدارة القضايا

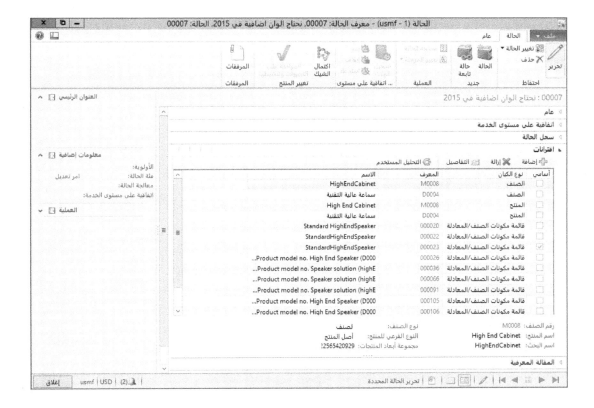

عند العودة الى الحالة ستجد أن جميع قوائم مكونات الاصناف (BOM's) قم تم إضافتها الى طلب تغير المنتج.

وبما أن طلب تغير المنتج تتم معالجته باستخدام الحالات فهذا يعني أن بمقدورك الاستفادة من كل الميزات الموجودة في الحالة مثل استخدام سير العمل لمساعدتك في إدارة هذه العملية.

رائع اليس كذالك.

تهيئة إدارة الطباعة لإرسال المستندات بشكل اوتوماتيكي للعملاء والموردين

تسمح لك ميزة إدارة الطباعة الموجودة في النظام بالقفز عن الإعدادات الافتراضية عند طباعة وثائق للعملاء او الموردين. مما يعطيك القدرة على التحكم في طريقة تسليم الوثائق. على سبيل المثال يمكنك توجيه النظام لتسليم الوثائق (مثلاً أوامر المبيعات، أوامر المشتريات، الفواتير، الخ....) عبر البريد الالكتروني بطريقة اوتوماتيكية ودون الحاجة لتصدير الوثيقة ثم تخزينها على جهازك ثم إرفقها يدوياً في البريد الالكتروني ثم بعد ذلك إرسالها الى العميل او المورد.

تهيئة إدارة الطباعة لإرسال المستندات بشكل اوتوماتيكي للعملاء والموردين

قم بالنقر على زر "إدارة الطباعة" الموجود في شريط ازرار التبويب "عام" في شاشة "كافة العملاء".

تهيئة إدارة الطباعة لإرسال المستندات بشكل اوتوماتيكي للعملاء والموردين

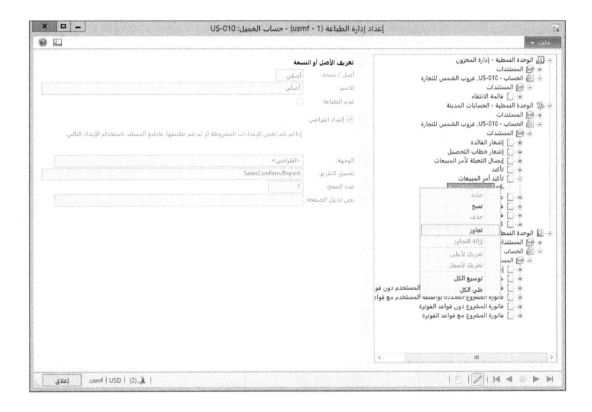

الخطوة الثانية: قم باختيار الوثيقة المراد إرسالها عبر البريد الالكتروني ثم انقر على زر الماوس الايمن ثم قم باختيار تجاوز .

تهيئة إدارة الطباعة لإرسال المستندات بشكل اوتوماتيكي للعملاء والموردين

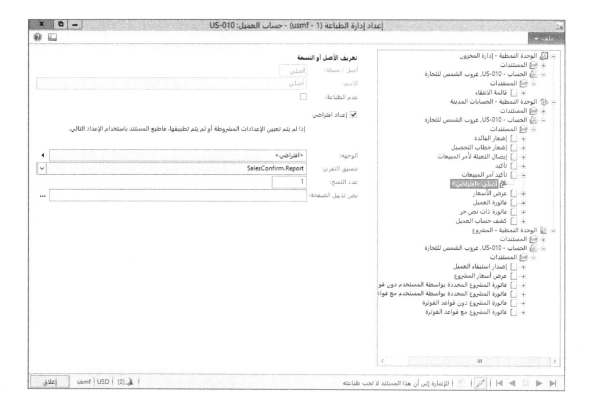

الخطوة الثالثة: قم بالنقر على السهم الموجود على يسار حقل "الوجهة" ثم قم باختيار "إعدادات وجهة الطباعة".

تهيئة إدارة الطباعة لإرسال المستندات بشكل اوتوماتيكي للعملاء والموردين

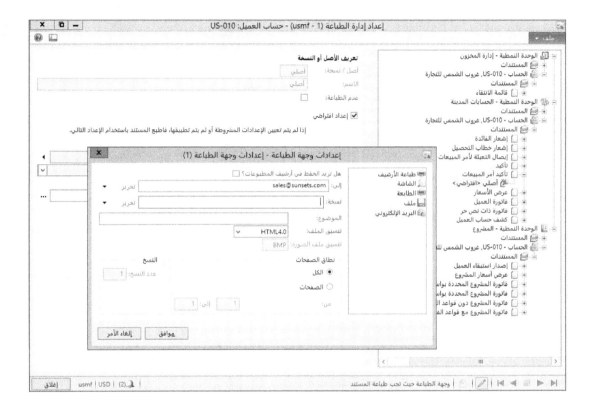

الخطوة الرابعة : عند ظهور نافذة "إعدادات وجهة الطباعة" قم بتحديد خيار "البريد الالكتروني" من يمين النافذة ثم قم بتحديد عنوان البريد الالكتروني في حقل "الى".

سيقوم النظام باستخدام هذا البريد الالكتروني عند إرسال الوثيقة الى العميل.

تهيئة إدارة الطباعة لإرسال المستندات بشكل اوتوماتيكي للعملاء والموردين

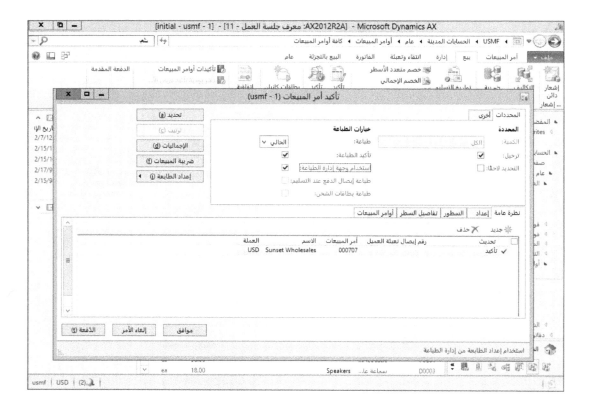

الآن وقبل طباعة "تأكيد أمر المبيعات" تأكد من اختيار "استخدام وجهة إدارة الطباعة" عندها سيقوم النظام وبصورة اوتوماتيكية بإرسال الوثيقة الى العميل مستخدما عنوان البريد الالكتروني الذي تم تحديده مسبقاً.

تهيئة إدارة الطباعة لإرسال المستندات بشكل اوتوماتيكي للعملاء والموردين

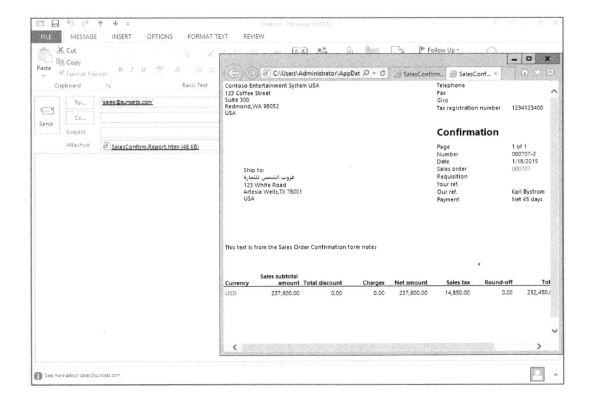

سيتم تسليم الوثيقة عبر البريد الالكتروني دون الحاجة الى أي نوع من عمليات القص واللصق .

تهيئة إدارة الطباعة لإرسال المستندات للعملاء حسب جهة الاتصال

صحيح أن ميزة إدارة الطباعة في داينامكس AX تسمح لك بتحديد مكان وكيفية إرسال الوثائق ، وتسمح بتهيئة النظام لإرسال الوثائق اتوماتيكيا عبر البريد الالكتروني. لكن مع التحديث التراكمي السابع (CU7) تم إضافة ميزة جديدة تجعل من إدارة الطباعة أكثر فائدة من ذي قبل .

تتلخص هذه الميزة بقدرتك على تهيئة قاعدة عامة تسمح لك بإرسال البريد الالكتروني حسب الغرض مما يعني أنك لم تعد مضطر لتثبيت عنوان البريد الالكتروني من خلال حساب العميل او المورد . حيث سيتم تحديد العنوان البريدي للمستلم بالرجوع الى "إدارة الاتصال" الموجودة في سجل العميل او المورد.

تهيئة إدارة الطباعة لإرسال المستندات للعملاء حسب جهة الاتصال

في شاشة حساب العميل اذهب الى تبويب "معلومات جهة الاتصال " ثم من قائمة "خيارات أضافية" قم باختيار "متقدم" .

تهيئة إدارة الطباعة لإرسال المستندات للعملاء حسب جهة الاتصال

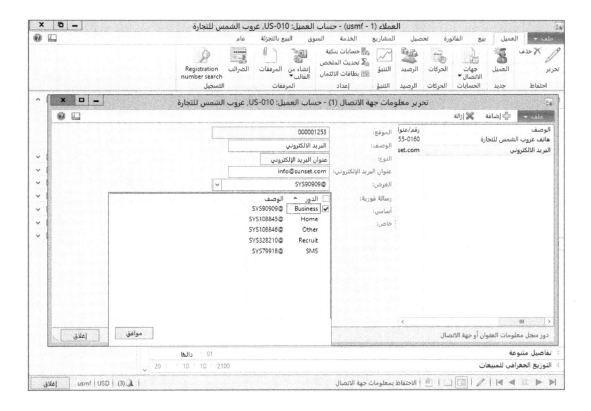

في نافذة "تحرير معلومات جهة الاتصال" قم بتحديد عنوان البريد الالكتروني الرئيسي المراد استخدامه عند إرسال الوثائق ثم قم بتحديد "Business" من قائمة "الغرض" ثم انقر على زر موافق.

عند الإنتهاء انقر على زر "إغلاق" للخروج من نافذة "تحرير معلومات جهات الاتصال" ثم قم بإغلاق شاشة "حساب العميل".

تهيئة إدارة الطباعة لإرسال المستندات للعملاء حسب جهة الاتصال

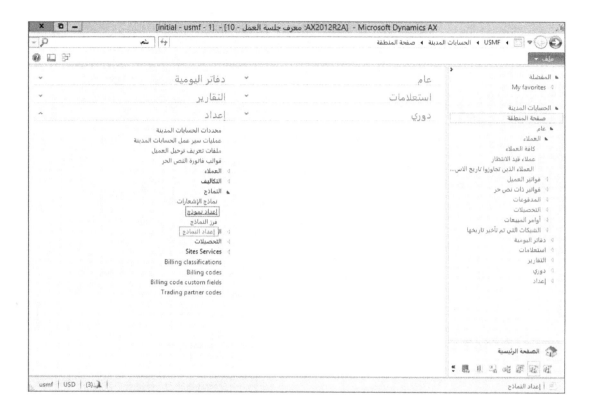

توجه الى وحدة الذمم المدينة ثم الى قسم "إعداد" ثم الى مجلد "النماذج" ثم قم بفتح شاشة "إعداد نموذج".

تهيئة إدارة الطباعة لإرسال المستندات للعملاء حسب جهة الاتصال

انقر على زر "إدارة الطباعة" الموجود في التبويب "عام".

تهيئة إدارة الطباعة لإرسال المستندات للعملاء حسب جهة الاتصال

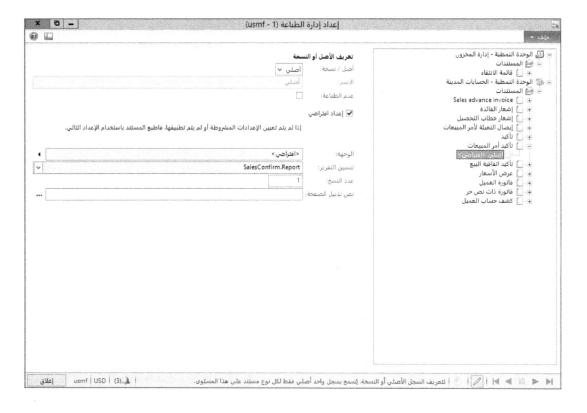

في نافذة "إعداد إدارة الطباعة" قم بتحديد المستند المراد إرساله اتوماتيكيا بناء على "معلومات جهة الاتصال" التي قمت بإعدادها في سجل العميل. ثم انقر على السهم الموجود على يسار حقل "الوجهة" .

تهيئة إدارة الطباعة لإرسال المستندات للعملاء حسب جهة الاتصال

قم باختيار "إعداد الطباعة" من القائمة.

تهيئة إدارة الطباعة لإرسال المستندات للعملاء حسب جهة الاتصال

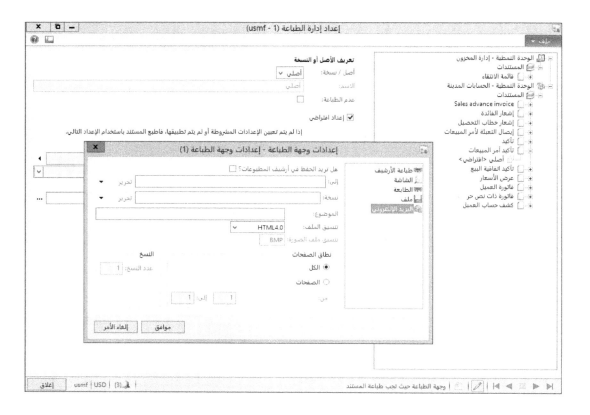

من نافذة "إعدادات وجهة الطباعة" انقر على زر "تحرير" الموجود على يسار الحقل "الى".

تهيئة إدارة الطباعة لإرسال المستندات للعملاء حسب جهة الاتصال

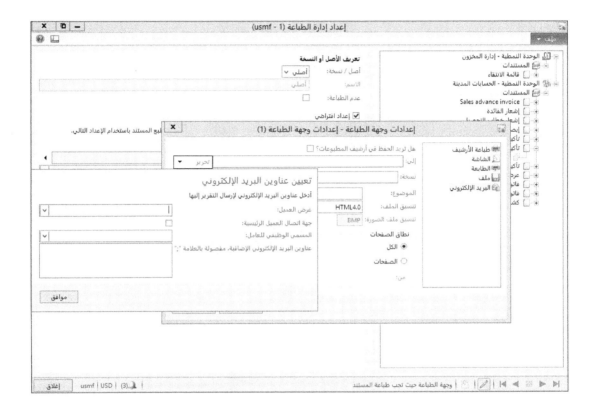

عندما يتم فتح نافذة "تعيين عناوين البريد الالكتروني" افتح قائمة "غرض العميل" .

تهيئة إدارة الطباعة لإرسال المستندات للعملاء حسب جهة الاتصال

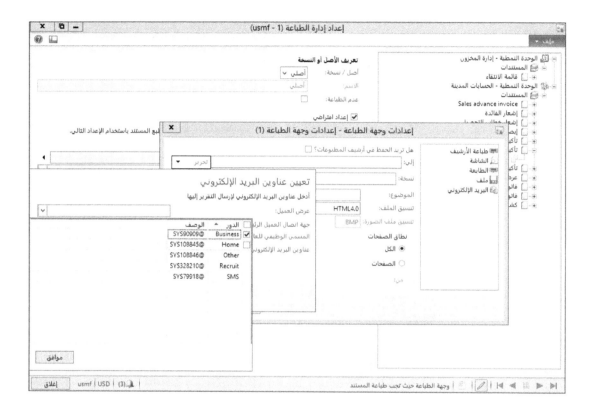

قم بتحديد "الغرض" الافتراضي الذي سيقوم النظام باستخدام البريد الالكتروني المرتبط به عند إرسال الوثائق .

تهيئة إدارة الطباعة لإرسال المستندات للعملاء حسب جهة الاتصال

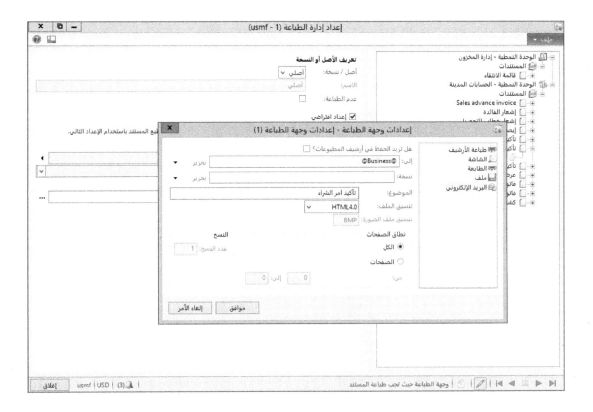

لمزيد من الترتيب قم بتحديد عنوان الرسالة في حقل "الموضوع" ثم انقر على زر موافق لتخزين الإعدادات.

تهيئة إدارة الطباعة لإرسال المستندات للعملاء حسب جهة الاتصال

الآن قم بتحديد أمر المبيعات ثم انقر على زر "تأكيد أمر المبيعات" الموجود في شريط ازرار التبويب "بيع".

عند ظهور نافذة "تأكيد أمر المبيعات" تأكد من اختيار "استخدام وجهة الطباعة" لإعلام النظام برغبتك في تجاوز الإعداد الافتراضي لإدارة الطباعة. ثم انقر على زر "موافق".

تهيئة إدارة الطباعة لإرسال المستندات للعملاء حسب جهة الاتصال

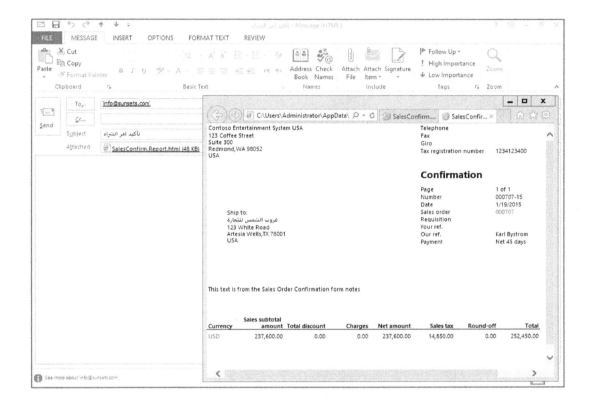

سيقوم النظام بإنشاء رسالة بريد الكتروني وارسالها الى عنوان البريد الالكتروني المرتبط بنفس "الغرض" في جهات الاتصال الخاصة بالعميل وسيتم أيضا إرفاق وثيقة "تأكيد أمر المبيعات".

إنشاء مساحات عمل مشتركة لتبادل المعلومات

في بعض الاوقات التي تنشئ فيها الحاجة لمشاركة المعلومات بين افراد الفريق او الاعضاء المشاركين في احد المشاريع يكون لا بد من وجود مكان مشترك للتعاون وإضافة المدخلات .

يحتوي نظام داينامكس AX على ميزة صممت لهذا الغرض تحديداً حيث تتيح لك المجال لإنشاء مساحة مشتركة للتعاون وربطها بعدد من وظائف النظام مثل المشاريع ، الحالات ، الخ..... حيث تتيح لك هذه الميزة إمكانية تبادل المعلومات عبر الشيربوينت (SharePoint) .

من المؤكد أن هذه الطريقة أفضل بكثير من الطريقة الدارجة حيث كانت مشاركة المعلومات والوثائق تتم من خلال مجلدات عبر الشبكة او عبر مجلد على جهاز شخصي كما أنها أكثر أمناً .

كل ما عليك فعله هو إنشاء مساحة عمل.

إنشاء مساحات عمل مشتركة لتبادل المعلومات

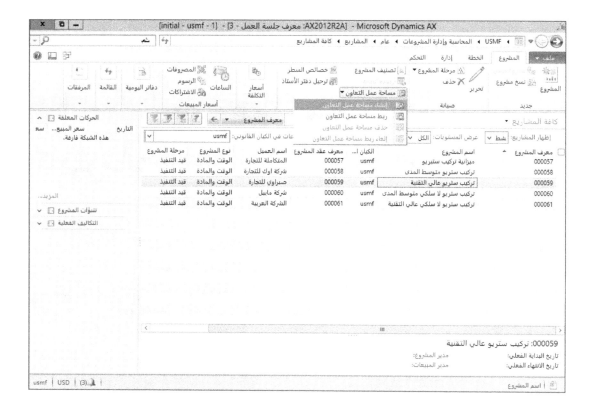

في شاشة "كافة المشاريع" قم بفتح قائمة "مساحة عمل التعاون" من شريط الازرار ثم قم باختيار "إنشاء مساحة عمل التعاون".

إنشاء مساحات عمل مشتركة لتبادل المعلومات

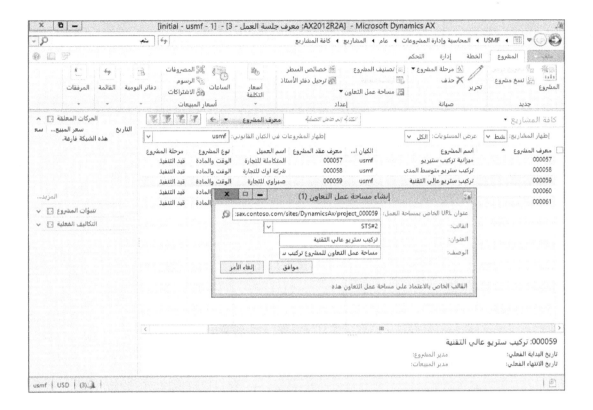

في نافذة "إنشاء مساحة عمل التعاون" يمكنك القبول بالإعدادات الافتراضية والنقر مباشرةً على زر "موافق" لإنشاء مساحة التوافق .

ملاحظة : يمكنك تغير القالب الافتراضي إذا كنت تملك قوالب اخرى تم إعدادها مسبقا .

إنشاء مساحات عمل مشتركة لتبادل المعلومات

بمجرد الإنتهاء قم بمعاينة تبويب "مساحة عمل التعاون" ستلاحظ أن النظام قام بربط مساحة العمل بالمشروع.

إنشاء مساحات عمل مشتركة لتبادل المعلومات

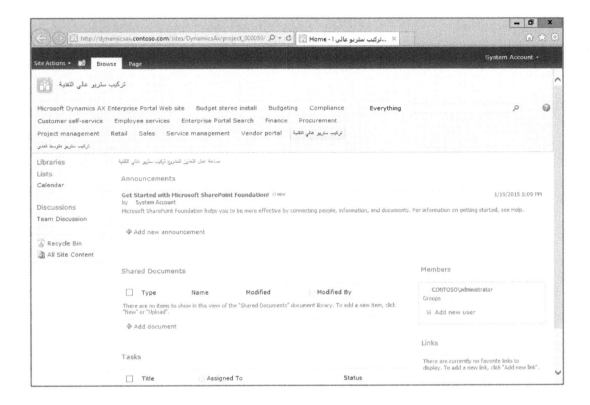

سيتم فتح "مساحة عمل التعاون" التي قمت بإنشائها بمجرد النقر على الرابط الذي تم إسناده الى المشروع. حينها ستتمكن من البدء في مشاركة وتبادل المعلومات.

تعيين العمال على المشاريع من شاشة حجز العاملين

تعد جدولة الموارد للمشاريع من الامور الصعبة خصوصاً عند محاولة إدارة عدد كبير من العمال.

لحسن الحظ يحتوي داينامكس AX على ميزة تتيح لك معرفة القدرة المتاحة لكل العاملين بطريقة مرئية كما تتيح إمكانية توزيع العمال على المشاريع. الآن يمكنك التخلي عن حرصك الدائم على تحديث الاوت لوك (Outlook) والبدء بجدولة الموارد بالطريقة الصحيحة.

تعيين العمال على المشاريع من شاشة حجز العاملين

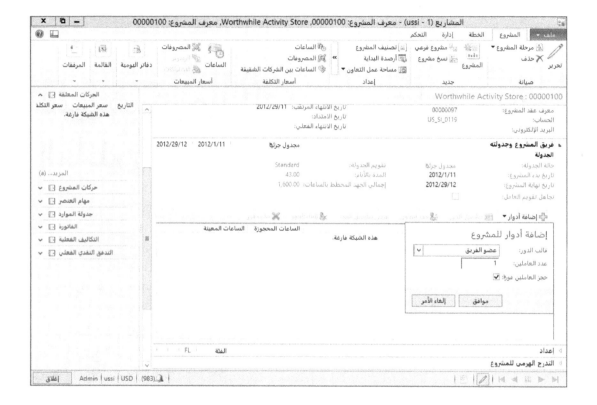

افتح شاشة المشروع ثم انقر على زر "إضافة أدوار" الموجود في تبويب "فريق المشروع وجدولته".

في نافذة "إضافة أدوار للمشروع" قم بتحديد "قالب الدور" ثم انقر على زر "موافق".

تعيين العمال على المشاريع من شاشة حجز العاملين

عندما يتم عرض شاشة "حجز العاملين"، ستكون قادراً على رؤية كافة العمال المتوفرين للعمل في المشروع والقدرة المتاحة لكل منهم.

عند اختيار احد العاملين سيتم تعيين كل القدارات المتاحة له على المشروع.

تعيين العمال على المشاريع من شاشة حجز العاملين

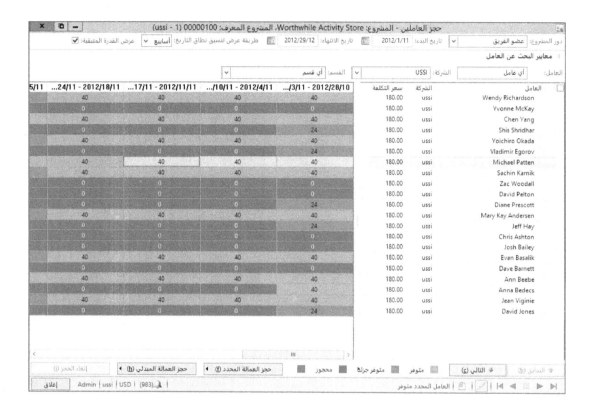

كما يمكنك تعيين جزء من القدرات المتاحة في فترات محددة من خلال النقر عليها.

عند الإنتهاء انقر على زر "حجز العمالة المحددة" لتعيين الموارد اللازمة للمشروع.

تعيين العمال على المشاريع من شاشة حجز العاملين

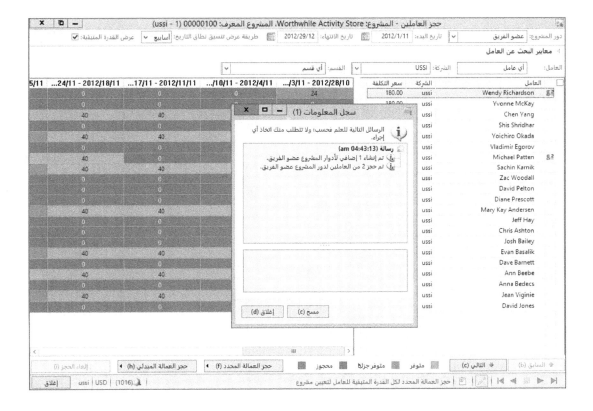

يمكنك اختيار عدة عمال لتعيينهم على المشروع حتى وإن كنت قد بدأت بعامل واحد في البداية.

تعيين العمال على المشاريع من شاشة حجز العاملين

عند العودة لشاشة المشروع ستلاحظ أن العمال قد تم تعيينهم كموارد على المشروع.

إدخال أوامر المبيعات باستخدام بوابة المبيعات الالكترونية

يحتوي داينامكس AX على مجموعة من الأدوات التي صممت لتسمح لك بالوصول من خلال الإنترنت الى معظم البيانات التي عادة ما تكون متاحة في واجهة الاستخدام التقليدية. احدى هذه الأدوات هي بوابة المبيعات الالكترونية التي تعطيك إمكانية البحث عن معلومات العملاء وتسجيل نشاطاتهم.

كما تتيح لك إمكانية إنشاء أوامر المبيعات من خلال الإنترنت والتي ستنعكس فورا على النظام بحيث يتمكن جميع المستخدمين من الوصول اليها بغض النظر عن كيفية الدخول الى النظام.

تعد هذه طريقة رائعة لموظفين المبيعات حيث تتيح لهم إمكانية الوصول الى البيانات بسرعة من خلال اجهزتهم المحمولة او الاجهزة اللوحية. كل ما هو مطلوب أن تكون متصلا بالبوابة الإلكترونية عبر الإنترنت .

إدخال أوامر المبيعات باستخدام بوابة المبيعات الالكترونية

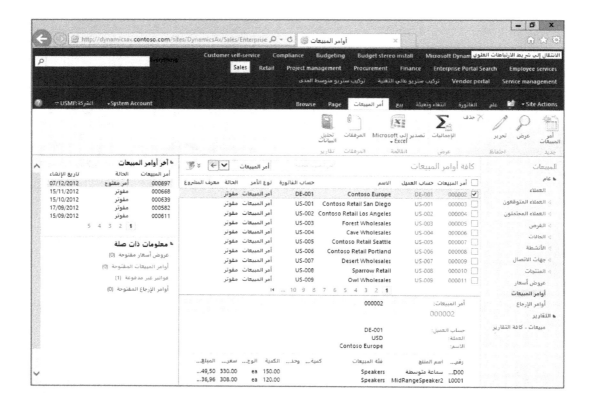

لمعاينة جميع أوامر المبيعات من خلال الإنترنت قم بفتح بوابة المبيعات الالكترونية الموجودة ضمن الانتربريز بورتل (Enterprise Portal) ثم قم بالنقر على رابط "أوامر المبيعات" من قائمة "عام" الموجودة على يمين الشاشة.

لإنشاء أمر مبيعات جديد قم بالنقر على زر "أمر المبيعات" الموجود في شريط ازرار الخاص بالتبويب "أمر المبيعات".

إدخال أوامر المبيعات باستخدام بوابة المبيعات الالكترونية

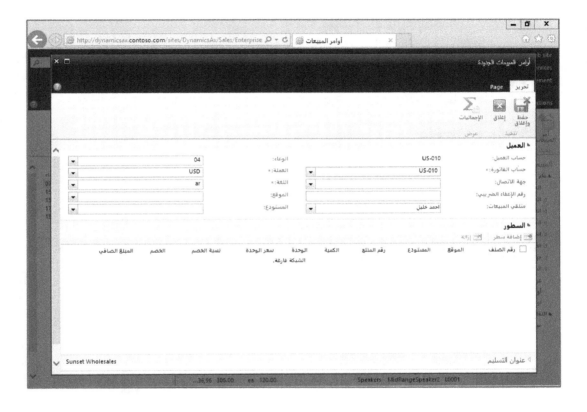

في نافذة "أوامر المبيعات الجديدة" قم بإضافة تفاصيل أمر المبيعات كحساب العميل وجهة الاتصال.

إدخال أوامر المبيعات باستخدام بوابة المبيعات الالكترونية

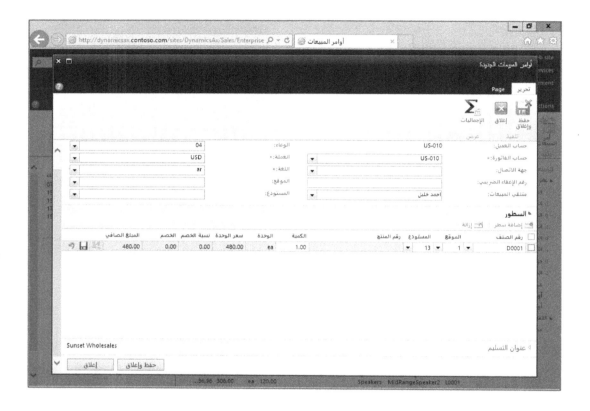

في مجموعة السطور انقر على زر "إضافة سطر" لإدخال تفاصيل السطر مثل رقم الصنف، الكمية وسيتم احتساب السعر اتوماتيكيا.

هناك العديد من الوظائف التي يمكنك استخدامها من خلال بوابة المبيعات على سبيل المثال تكوين المنتج.

إدخال أوامر المبيعات باستخدام بوابة المبيعات الالكترونية

بمجرد أن يتم حفظ أمر المبيعات من خلال بوابة المبيعات سينعكس مباشرة على النظام حيث سسيتمكن المستخدمين من رؤيته من خلال واجهة المستخدم.

إدخال فواتير الموردين باستخدام بوابة الموردين الالكترونية

يمكنك الآن تبسيط عمليات معالجة الذمم الدائنة من خلال السماح للموردين بإرسال الفواتير عبر بوابة الموردين الالكترونية عوضا عن إرسالها بالبريد العادي او بالبريد المستعجل. تتيح البوابة الالكترونية إمكانية إدخال تفاصيل الفواتير كما تتيح أيضا إمكانية إرفاق المعززات حيث ستنعكس هذه الإدخالات لتظهر في شاشة الفواتير العالقة بحيث تتمكن من مراجعتها والموافقة عليها قبل أن تكون جاهزة للدفع.

بهذه الصورة ستصبح العمليات أكثر فاعلية نظرا لعدم حاجتك للقيام بإدخال تفاصيل الفواتير الموجودة في النسخ الورقية. الموردين أيضاً سيكونون أكثر سعادة لأن تسديد الفواتير سيتم بشكل أسرع نظراً لتخلصنا من الوقت الضائع ما بين إرسال الفاتورة ومراجعتها ثم الموافقة عليها.

الجميع يربح.

إدخال فواتير الموردين باستخدام بوابة الموردين الالكترونية

كل ما يحتاجه المورد هو الدخول الى بوابة المورد الالكترونية واختيار صفحة فواتير الموردين من مجموعة المستندات ثم النقر على زر الفاتورة في شريط الازرار.

إدخال فواتير الموردين باستخدام بوابة الموردين الالكترونية

سيقوم النظام بعرض نافذة "فاتورة جديدة" حيث سيتمكن المورد من إدخال رقم الفاتورة وإضافة وصف مختصر في حقل وصف "المورد".

عند الإنتهاء سيتمكن المورد من إنشاء فاتورة جديدة بمجرد النقر على زر "إنشاء".

إدخال فواتير الموردين باستخدام بوابة الموردين الالكترونية

عندما يتم عرض نافذة "تحرير الفاتورة" سيتمكن المورد من إدخال تفاصيل الفاتورة وعن الإنتهاء يتم النقر على زر "حفظ واغلاق" في شريط الازرار.

إدخال فواتير الموردين باستخدام بوابة الموردين الالكترونية

عند العودة الى صفحة "فواتير المورد" سيلاحظ ظهور الفاتورة الجديدة.

إدخال فواتير الموردين باستخدام بوابة الموردين الالكترونية

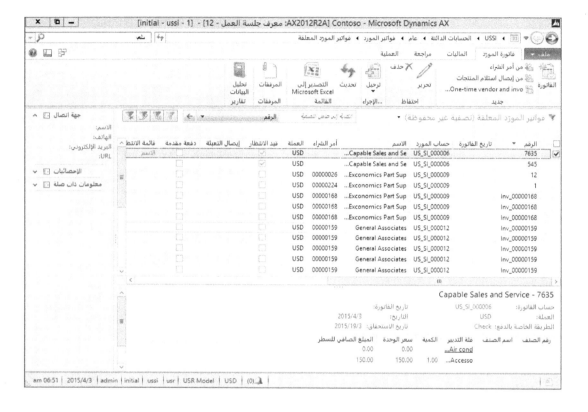

ولرؤية جميع الفواتير العالقة عود الى داينامكس AX ثم التوجه الى وحدة الذمم الدائنة ثم قسم "عام" ثم مجلد "فواتير المورد" ثم شاشة الفواتير العالقة .

إدخال فواتير الموردين باستخدام بوابة الموردين الالكترونية

بالنقر على الفاتورة العالقة سيتم عرض تفاصيل فاتورة الذمة الدائنة التي قام المورد بإدخالها عبر بوابة المورد. كل ما عليك هو الموافقة عليها لتصبح صالحة.

استخدام شاشة تسجيل الوظيفة لتسجيل مُعامَلات الإنتاج

لم تعد بحاجة للإبلاغ عن المواد و الاوقات المصروفة على أوامر الإنتاج بشكل يدوي او حتى الإنتظار لحين الإنتهاء من العملية.

يحتوي داينامكس AX على ميزة تدعى "تسجيل الوظائف" تسمح لك بالإبلاغ عن جميع النشاطات أثناء عمليات الإنتاج باستخدام شاشة قابلة للمس. حيث يتم تعقب جميع إخراجات المواد ومتابعة الأشخاص الذين يقومون بتنفيذ الحركات مما يعطيك رؤية واضحة عن العمال الفاعلين .

لم تعد بحاجة لمزيد من الاعمال الورقية التي يتم إدخالها في اليوم التالي

استخدام شاشة تسجيل الوظيفة لتسجيل مُعامَلات الإنتاج

في وحدة التحكم بالإنتاج أذهب الى قسم "دوري" ثم مجلد "التنفيذ الصناعي" ثم شاشة "تسجيل الوظيفة".

استخدام شاشة تسجيل الوظيفة لتسجيل مُعامَلات الإنتاج

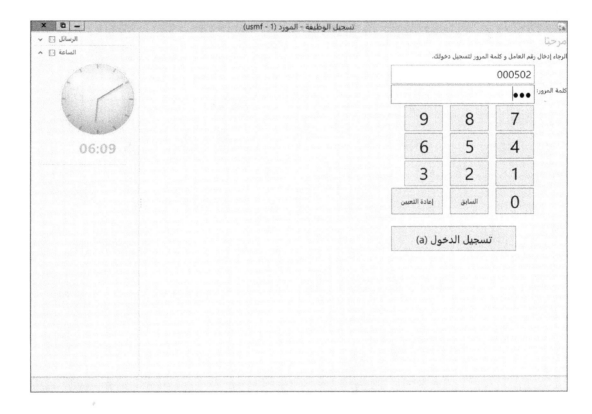

في شاشة "تسجيل الوظيفة" التي تعمل باللمس قم بكتابة رقمك الوظيفي وكلمة المرور ثم انقر على زر "تسجيل الدخول".

استخدام شاشة تسجيل الوظيفة لتسجيل مُعامَلات الإنتاج

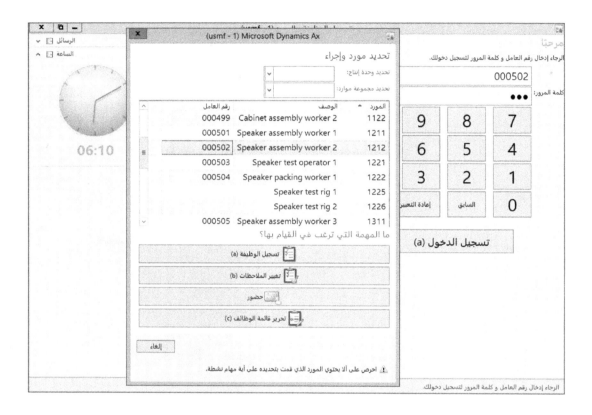

في نافذة "تحديد مورد واجراء" قم باختيار المورد ثم انقر على زر "تسجيل الوظيفة".

استخدام شاشة تسجيل الوظيفة لتسجيل مُعامَلات الإنتاج

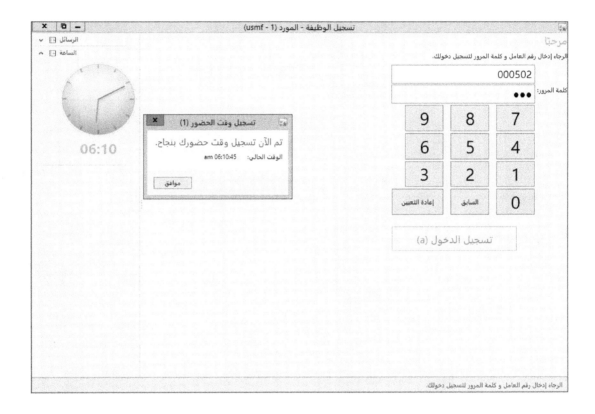

إذا كانت هذه هي المهمة الاولى التي تقوم بها في ذلك اليوم سيتم تسجيل وقت حضورك.

استخدام شاشة تسجيل الوظيفة لتسجيل مُعامَلات الإنتاج

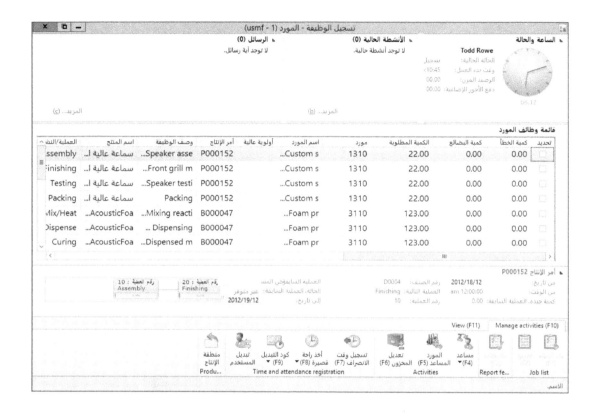

عند ظهور شاشة "تسجيل الوظيفة" التي تعمل باللمس ستكون قادرا على رؤية قائمة لكافة الوظائف الغير منتهية .

استخدام شاشة تسجيل الوظيفة لتسجيل مُعامَلات الإنتاج

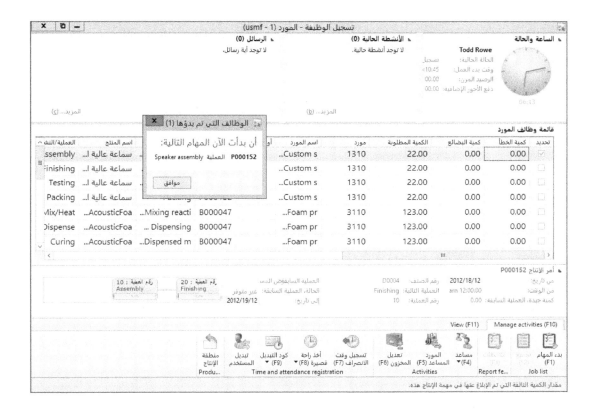

للبدء في العمل قم بتحديد الوظيفة ثم أنقر على زر "بدء المهام" الموجود في شريط الازرار أسفل الشاشة.

استخدام شاشة تسجيل الوظيفة لتسجيل مُعامَلات الإنتاج

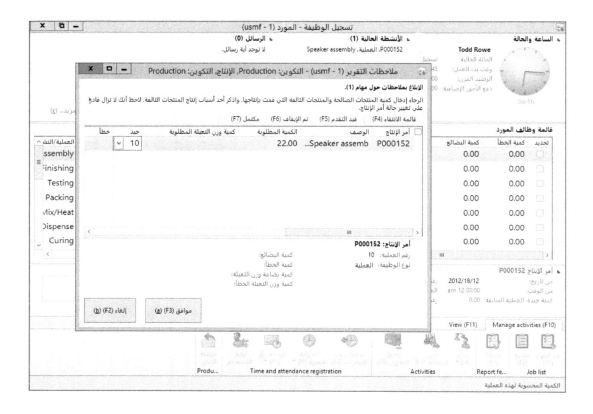

انقر على زر "ملاحظات" لتتمكن من الإبلاغ عن كمية المنتجات الصالحة او التالفة ، او الإبلاغ عن إنتهاء المهمة.

استخدام شاشة تسجيل الوظيفة لتسجيل مُعامَلات الإنتاج

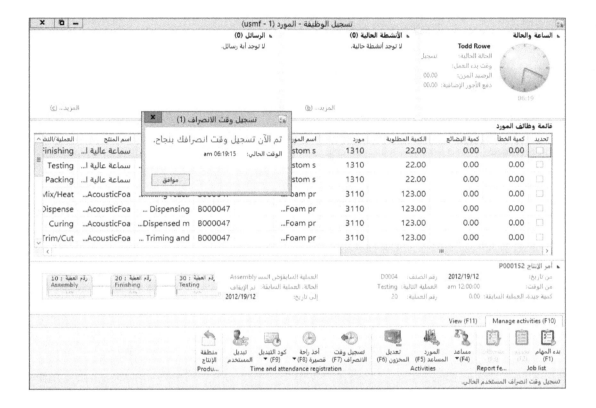

يمكنك التوقف عن العمل في أي وقت من خلال النقر على زر "تسجيل وقت الإنصراف" حيث سيقوم النظام بترحيل الوقت الذي صرفته على الوظيفة .

استخدام شاشة تسجيل الوظيفة لتسجيل مُعامَلات الإنتاج

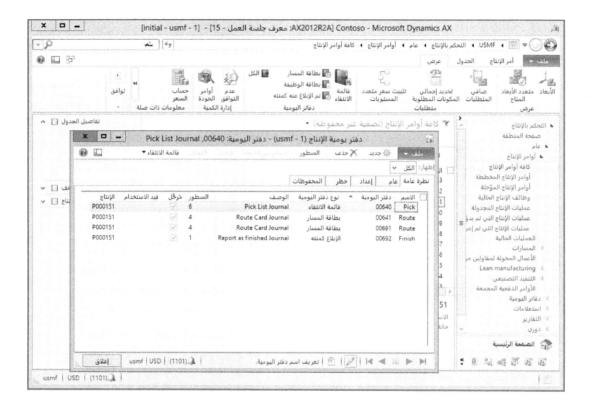

عند النظر في "دفتر يومية الإنتاج" المرتبط بأمر الإنتاج ستجد جميع المعاملات التي قمت بالإبلاغ عنها من خلال شاشة "تسجيل الوظيفة".

إجبار المستخدمين على مراجعة مستندات قبل البدء بالوظائف

من المفيد أن تمتلك القدرة على إرفاق الوثائق مع مكونات المنتجات (BOM) او المهام لكي تشرح تفاصيل العمليات او توضح إرشادات الامان. لكن هذه الفائدة تضمحل في حال لم يقم المستخدم بمراجعتها قبل البدء بأداء مهامه. لحسن الحظ تحتوي وحدة الإنتاج في داينامكس AX على ميزة تتيح لك إجبار المستخدم على مراجعة بعض الوثائق قبل الشروع في المهام.

الآن لا احد يستطيع تجاهل أي إجراءات او إرشادات لأي عمليات جديدة.

إجبار المستخدمين على مراجعة مستندات قبل البدء بالوظائف

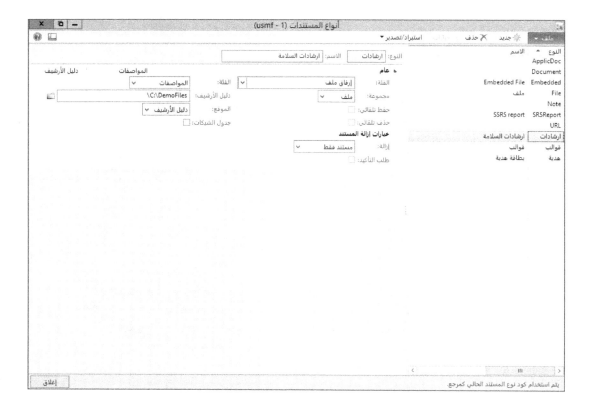

تأكد أن لديك بعض أنواع المستندات المهيئة لأنواع الوثائق المراد ارفاقها مع مكونات المنتجات.

إجبار المستخدمين على مراجعة مستندات قبل البدء بالوظائف

في وحدة التحكم بالإنتاج توجه إلى قسم "إعداد" ثم قم بفتح شاشة "مجموعة المستندات".

إجبار المستخدمين على مراجعة مستندات قبل البدء بالوظائف

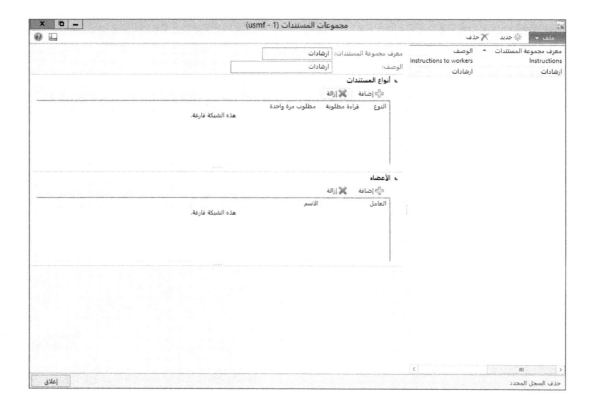

لإنشاء سجل جديد في نافذة "مجموعة المستندات" قم بالنقر على زر جديد ثم قم بتحديد "معرف مجموعة المستندات" و "الوصف".

إجبار المستخدمين على مراجعة مستندات قبل البدء بالوظائف

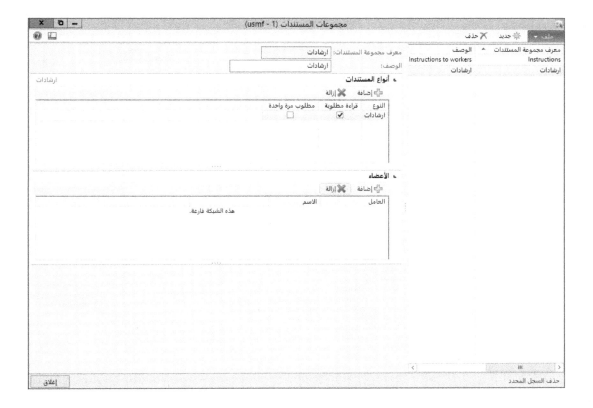

لإضافة "نوع المستند" انقر على زر "إضافة" ثم من قائمة "النوع" قم بتحديد نوع المستند الذي قمت بتعريفه سابقا.

تأكد من اختيار "قراءة مطلوبة" لإجبار المستخدم على قراءة الوثيقة قبل البدء بالمهمة.

لإجبار المستخدم على قراءة الوثيقة مرة واحد وليس في كل مرة يقوم فيها المستخدم بتسجيل الدخول تأكد من اختيار "مطلوب مرة واحدة".

إجبار المستخدمين على مراجعة مستندات قبل البدء بالوظائف

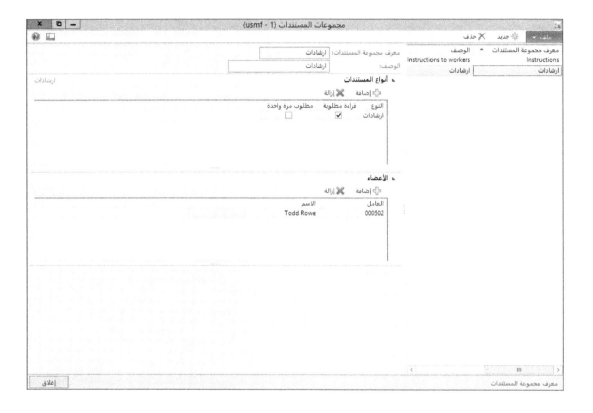

يمكن حصر مراجعة الوثيقة على مستخدم او مجموعة من المستخدمين. لعمل ذلك قم بالنقر على زر "إضافة"
الموجود في تبويب "الاعضاء" ومن ثم قم بتحديد المستخدم من قائمة "العامل".

إجبار المستخدمين على مراجعة مستندات قبل البدء بالوظائف

الخطوة التالية هي ربط الوثيقة في مكونات المتنج.

إجبار المستخدمين على مراجعة مستندات قبل البدء بالوظائف

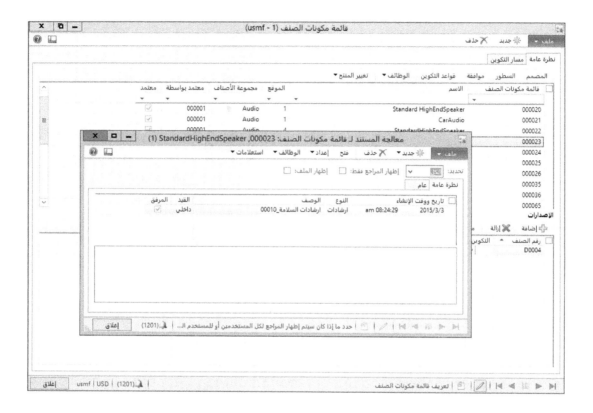

افتح شاشة "قائمة مكونات الصنف" للصنف المراد ربطه بالوثيقة ثم انقر على أيقونة المرفقات الموجودة على "شريط الحالة" في اسفل الشاشة . ثم قم بإضافة الوثيقة من خلال نافذة المرفقات.

إجبار المستخدمين على مراجعة مستندات قبل البدء بالوظائف

الآن عند البدء في أي وظيفة سيقوم النظام بإخطارك بوجوب مراجعة الوثيقة المرفقة مع مكونات المنتج.

إجبار المستخدمين على مراجعة مستندات قبل البدء بالوظائف

عند النقر على زر "فتح المستندات" سيقوم النظام بفتح الوثيقة المطلوب من المستخدمين مراجعتها.

حِيل باستخدام برامج الاوفيس

لن نكشف سراً حين نقول أن الجميع يستخدم برامج ميكروسوفت اوفيس (MS office) لإنشاء الوثائق والتقارير. إذا كنت تفضل الاستمرار في استخدام الاوفيس فلماذا لاتستفيد من ميزة التكامل التي تربط بين داينامكس AX ومايكروسوفت اوفيس.

لا تكتفي بعد اليوم بنسخ ولصق البيانات لكن قم بربطها بداينامكس AX. لا تكتفي باستخدام الاكسل (MS Excel) لمساعدتك في تحديث المعلومات لكن استخدمه لتحديث البيانات على داينامكس AX. لا تكتفي بنسخ البيانات الى وثائق الوورد (MS Word) لكن صمم قوالب الوورد ليتم ملؤها ببيانات داينامكس AX بشكل اوتوماتيكي. لا تكتفي باستخدام مايكروسوفت بروجيكت لتسجيل تفاصيل المشروع لكن استخدمه كأداة لتحديث داينامكس AX.

في هذا الفصل سنكشف الغطاء عن كيفية استخدام ميزات التكامل مع برامج مايكروسوفت اوفيس مما سيجعل داينامكس AX اشبه بمقاتل النينجا .

التصدير الى اكسل عند غياب شريط الازرار

لا تظن أن عدم وجود أيقونة التصدير الى اكسل في شريط الازرار يعني بأي حال من الاحوال عدم وجود طرق اخرى لتصدير البيانات الى اكسل بطريقة سريعة .

كل ما عليكم القيام به هو اختيار "التصدير الى اكسل" من قائمة "ملف". أما إن كنت من المغرمين باستخدام لوحة المفاتيح فما عليك الى الضغط على "Ctrl + T" وسيقوم النظام بتصدير البيانات الى اكسل.

التصدير الى اكسل عند غياب شريط الازرار

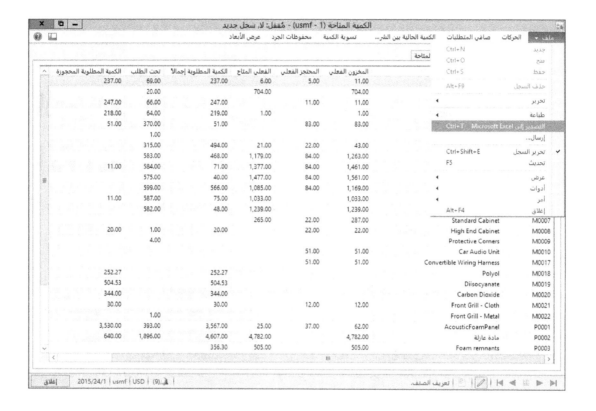

قم باختيار "التصدير الى Microsoft Excel" من قائمة ملف.

ملاحظة: إن كنت ممن يفضلون استخدام لوحة المفاتيح فبمقدورك تصدير البيانات الى اكسل بمجرد الضغط على "Ctrl + T".

التصدير الى اكسل عند غياب شريط الازرار

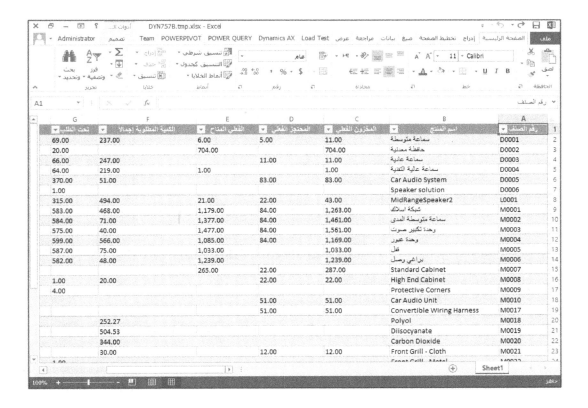

	رقم الصنف	اسم المنتج	المخزون الفعلي	المحتجز الفعلي	الفعلي المتاح	الكمية المطلوبة إجمالا	تحت الطلب
2	D0001	سماعة متوسطة	11.00	5.00	6.00	237.00	69.00
3	D0002	حافظة معدنية	704.00		704.00		20.00
4	D0003	سماعة عادية	11.00	11.00		247.00	66.00
5	D0004	سماعة عالية التقنية	1.00		1.00	219.00	64.00
6	D0005	Car Audio System	83.00	83.00		51.00	370.00
7	D0006	Speaker solution					1.00
8	L0001	MidRangeSpeaker2	43.00	22.00	21.00	494.00	315.00
9	M0001	شبكة اسلاك	1,263.00	84.00	1,179.00	468.00	583.00
10	M0002	سماعة متوسطة المدى	1,461.00	84.00	1,377.00	71.00	584.00
11	M0003	وحدة تكبير صوت	1,561.00	84.00	1,477.00	40.00	575.00
12	M0004	وحدة عبور	1,169.00	84.00	1,085.00	566.00	599.00
13	M0005	قفل	1,033.00		1,033.00	75.00	587.00
14	M0006	براغي وصل	1,239.00		1,239.00	48.00	582.00
15	M0007	Standard Cabinet	287.00	22.00	265.00		
16	M0008	High End Cabinet	22.00	22.00		20.00	1.00
17	M0009	Protective Corners					4.00
18	M0010	Car Audio Unit	51.00	51.00			
19	M0017	Convertible Wiring Harness	51.00	51.00			
20	M0018	Polyol				252.27	
21	M0019	Diisocyanate				504.53	
22	M0020	Carbon Dioxide				344.00	
23	M0021	Front Grill - Cloth	12.00	12.00		30.00	

الآن سيتم تصدير بيانات الشاشة الى مايكروسوفت اكسل.

تصدير البيانات الى اكسل في حالات التواصل عن بُعد

لا تظن أن استخدامك لأداة الاتصال عن بعد (Remote Desktop Connection) لغايات الاتصال بأحد الاجهزة التي تحتوي نظام داينامكس AX يعني أنك مضطر لفعل كل شيء هناك. احد الامثلة على ذلك إمكانية تصدير البيانات الى نسخة اكسل الموجودة على جهازك بدلا من نسخة الاكسل الموجودة على الجهاز الذي قمت بالاتصال به .

بهذه الطريقة ستكون لديك الفرصة لمعالجة البيانات حتى بعد قطع الاتصال عن بعد. كذالك ستتمكن من إنهاء المعاناة الناتجة عن عمليات قص ولصق ملفات الاكسل الى جهازك عبر أداة الاتصال عن بعد.

تصدير البيانات الى اكسل في حالات التواصل عن بُعد

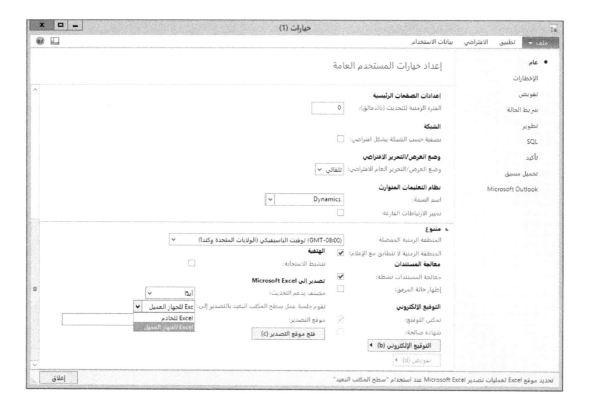

انقر على قائمة "ملف" ثم خيارات. عند ظهور نافذة "الخيارات" إنتقل لاسفل الصفحة حتى تصل الى قسم "متنوع" ثم قم بتغير قيمة قائمة "تقوم جلسة عمل سطح المكتب البعيد بالتصدير الى" الى "Excel للجهاز العميل".

تصدير البيانات الى اكسل في حالات التواصل عن بُعد

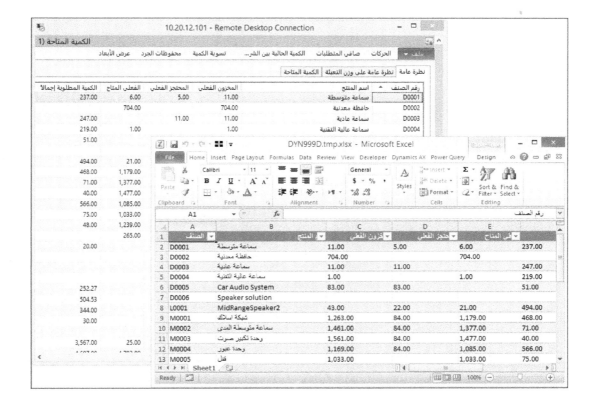

الآن و بمجرد النقر على "التصدير الى Microsoft Excel" ستم نقل جميع البيانات الى نسخة اكسل الموجودة على جهاز المستخدم.

ملاحظة: تأكد من أن المستخدم على جهاز العميل لديه صلاحيات للوصول للنظام وبياناته نظرا لان السياسات الامنية يتم تطبيقها على المستخدم لضمان عدم استخدام هذه الميزة للتهرب من السياسات الامنية.

إضافة حقول جديدة لورقة العمل في اكسل بعد التصدير

تعد ميزة التصدير الى اكسل واحدة من أكثر الميزات المستخدمة في داينامكس AX نظرا لإمكانية تصميم التقارير وتحليل المعلومات عبر الطرق المعروفة في اكسل. لكن قد يظن البعض أن التصدير يقتصر على الحقول الظاهرة في الشاشة فقط وهذا غير صحيح. فمن خلال أداوات داينامكس AX الاضافية (Add-ons) الموجودة في اكسل تستطيع مشاهدة جميع الحقول المتوفرة للجداول والاستعلامات مما يعطيك القدرة على إضافة أي من هذه الحقول بحيث يصبح الاستعلام من خلال الاكسل أكثر فائدة .

إضافة حقول جديدة لورقة العمل في اكسل بعد التصدير

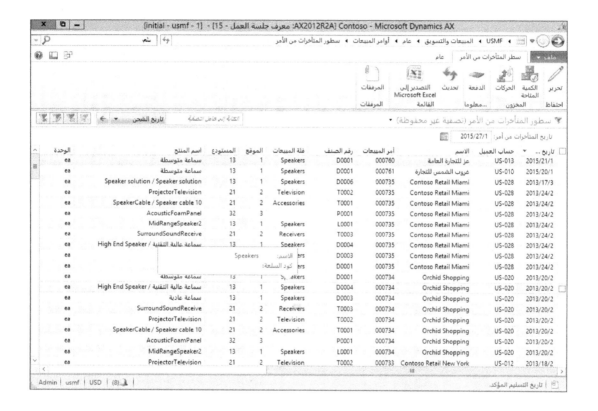

بدايةً قم بتحديد البيانات المراد استخدامها ثم انقر على زر "التصدير الى Microsoft Excel" الموجود في شريط الازرار.

إضافة حقول جديدة لورقة العمل في اكسل بعد التصدير

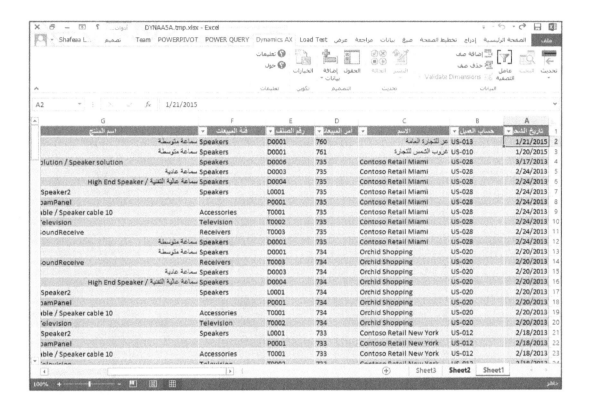

عند إنتهاء النظام من إنشاء ورقة العمل في اكسل قم بالنقر على زر "الحقول" الموجود في شريط ازرار التبويب
"Dynamics AX".

إضافة حقول جديدة لورقة العمل في اكسل بعد التصدير

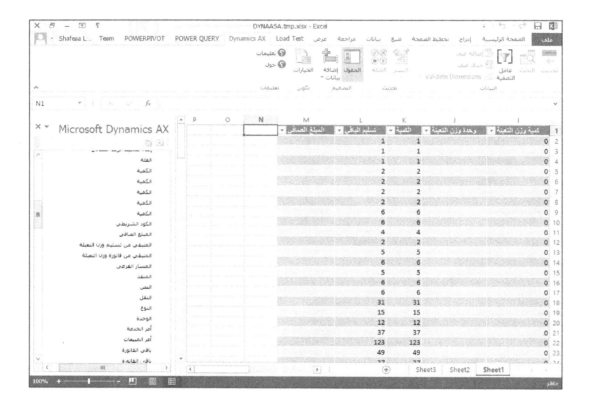

ستلاحظ ظهور نافذة على يسار الشاشة. تظهر هذه النافذة جميع الحقول المرتبطة بالاستعلام (Query) الذي تم تصديره. لإضافة حقول جديدة قم بسحب الحقل الى ورقة العمل.

في هذا المثال قمت بسحب حقل "المبلغ الصافي".

إضافة حقول جديدة لورقة العمل في اكسل بعد التصدير

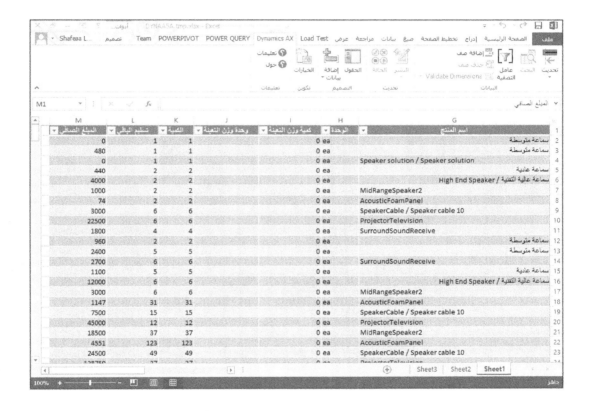

للعودة الى وضعية التحرير انقر على زر "الحقول" مرة اخرى. ليتم تحديث جميع الحقول بما فيها الحقول الجديدة التي قمت بإضافتها قم بانقر على زر "تحديث" الموجود في شريط الازرار.

استخدام التصدير الى اكسل لإنشاء تقارير قابلة للتحديث

بمجرد تهيئة وظائف داينامكس AX الاضافية الموجودة في مايكروسوفت اكسل تصبح ميزة التصدير الى اكسل قادرة على ربط البيانات التي يتم تصديرها الى اكسل مع داينامكس AX بشكل اوتوماتيكي.

مما يعني أن أي تحديث على البيانات الموجودة في النظام سينعكس على بيانات اكسل دون الحاجة الى اعادة عملية التصدير. مجرد وجود هذا الرابط بين اكسل والنظام يعطيك القدرة على استخدام الاكسل لإنشاء تقارير يتم تحديثها بشكل اوتوماتيكي.

استخدام التصدير الى اكسل لإنشاء تقارير قابلة للتحديث

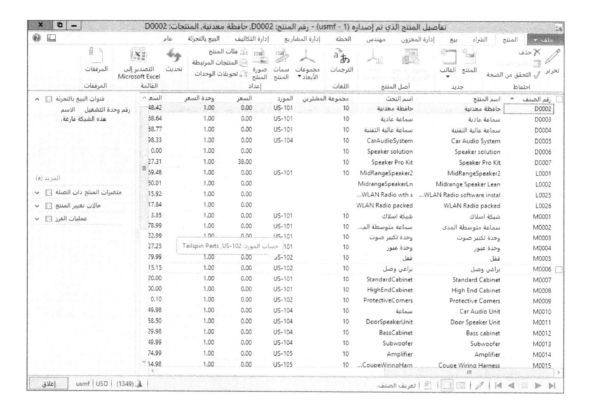

من الشاشة المراد إنشاء تقرير منها انقر على زر التصدير الى اكسل او اضغط على " Ctrl + T".

استخدام التصدير الى اكسل لإنشاء تقارير قابلة للتحديث

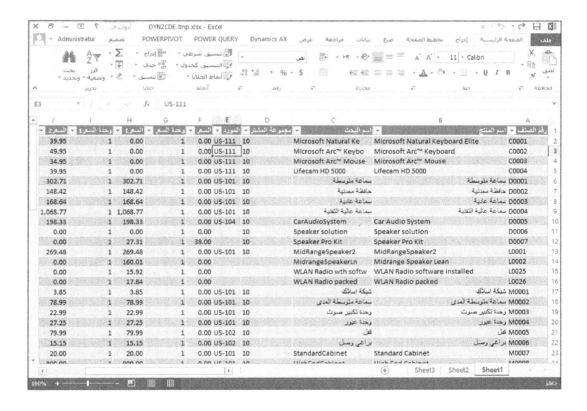

رقم الصنف	اسم المنتج	اسم البحث	مجموعة المشتر	المورد	السعر	وحدة السعر	السعر 1	وحدة السعر 1	السعر 2
C0001	Microsoft Natural Keyboard Elite	Microsoft Natural Ke	10	US-111	0.00	1	0.00	1	39.95
C0002	Microsoft Arc™ Keyboard	Microsoft Arc™ Keybo	10	US-111	0.00	1	0.00	1	49.95
C0003	Microsoft Arc™ Mouse	Microsoft Arc™ Mouse	10	US-111	0.00	1	0.00	1	34.95
C0004	Lifecam HD 5000	Lifecam HD 5000	10	US-111	0.00	1	0.00	1	39.95
D0001	سماعة متوسطة	سماعة متوسطة	10	US-101	0.00	1	302.71	1	302.71
D0002	حافظة معدنية	حافظة معدنية	10	US-101	0.00	1	148.42	1	148.42
D0003	سماعة عادية	سماعة عادية	10	US-101	0.00	1	168.64	1	168.64
D0004	سماعة عالية التقنية	سماعة عالية التقنية	10	US-101	0.00	1	1,068.77	1	1,068.77
D0005	Car Audio System	CarAudioSystem	10	US-104	0.00	1	198.33	1	198.33
D0006	Speaker solution	Speaker solution	10		0.00	1	0.00	1	0.00
D0007	Speaker Pro Kit	Speaker Pro Kit	10		38.00	1	27.31	1	0.00
L0001	MidRangeSpeaker2	MidRangeSpeaker2	10	US-101	0.00	1	269.48	1	269.48
L0002	Midrange Speaker Lean	MidrangeSpeakerLn			0.00	1	160.01	1	0.00
L0025	WLAN Radio software installed	WLAN Radio wth softw			0.00	1	15.92	1	0.00
L0026	WLAN Radio packed	WLAN Radio packed			0.00	1	17.84	1	0.00
M0001	شبكة اسلاك	شبكة اسلاك	10	US-101	0.00	1	3.85	1	3.85
M0002	سماعة متوسطة المدى	سماعة متوسطة المدى	10	US-101	0.00	1	78.99	1	78.99
M0003	وحدة تكبير صوت	وحدة تكبير صوت	10	US-101	0.00	1	22.99	1	22.99
M0004	وحدة عبور	وحدة عبور	10	US-101	0.00	1	27.25	1	27.25
M0005	قفل	قفل	10	US-102	0.00	1	79.99	1	79.99
M0006	براغي وصل	براغي وصل	10	US-102	0.00	1	15.15	1	15.15
M0007	Standard Cabinet	StandardCabinet	10	US-101	0.00	1	20.00	1	20.00

سيتم نقل بيانات الشاشة الى اكسل.

استخدام التصدير الى اكسل لإنشاء تقارير قابلة للتحديث

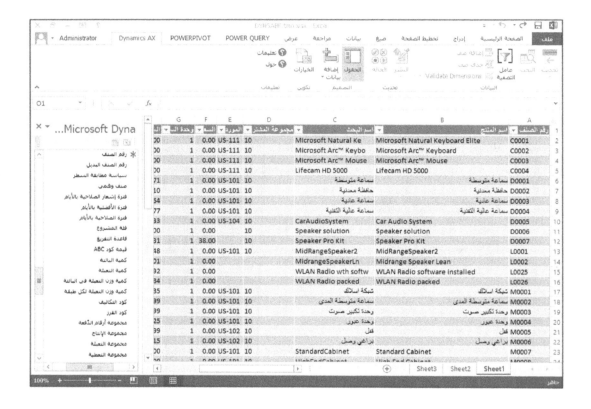

عند النقر على زر "الحقول" الموجود في تبويب "Dynamics AX" ستلاحظ أن ورقة العمل لا تزال متصلة بداينامكس AX. مما يعطيك القدرة على إضافة حقول جديدة او تحديث البيانات في أي وقت.

استخدام التصدير الى اكسل لإنشاء تقارير قابلة للتحديث

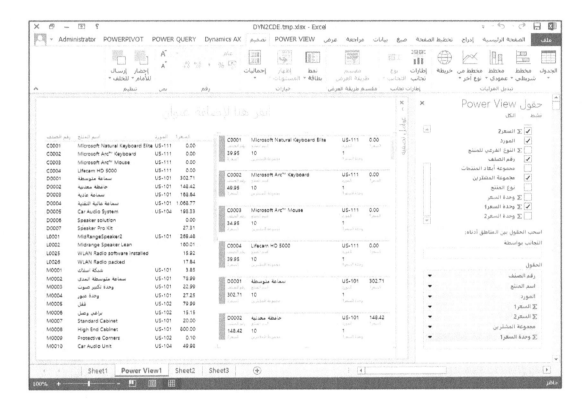

الآن عند القيام بتصميم تقرير بورفيو اعتمادا على هذه البيانات......

استخدام التصدير الى اكسل لإنشاء تقارير قابلة للتحديث

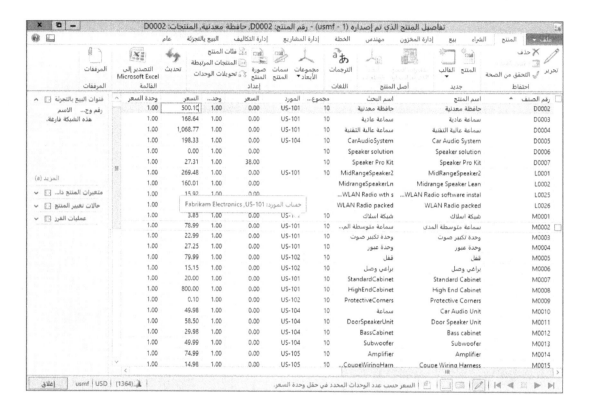

ثم القيام بتحديث البيانات من داخل النظام......

استخدام التصدير الى اكسل لإنشاء تقارير قابلة للتحديث

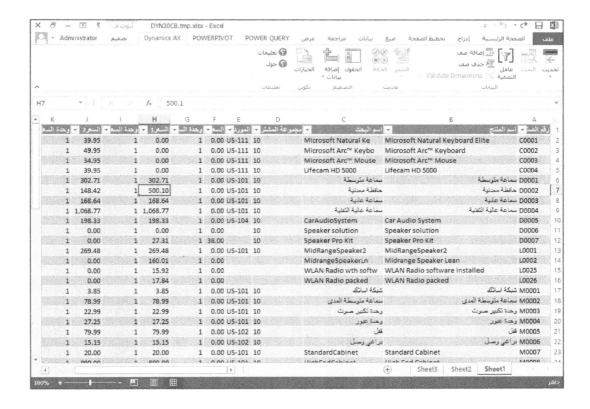

ستلاحظ أن البيانات المحدثة قد انعكست على ورقة العمل في اكسل بمجرد النقر على زر "تحديث"

استخدام التصدير الى اكسل لإنشاء تقارير قابلة للتحديث

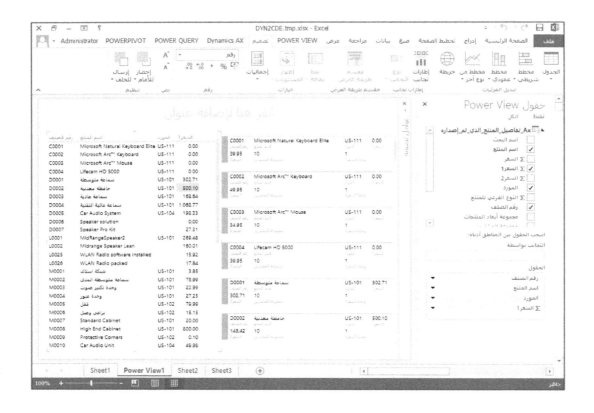

كما انعكست أيضا على تقرير البورفيو. يتم كل هذا دون كتابة سطر كود واحد.

إنشاء تقارير من مكعبات دايناكمس AX باستخدام الاكسل

غالبا ما يعد برنامج مايكروسوفت اكسل احد اشهر الأدوات المستخدمة في تصميم التقارير نظرا لسهولة إنشاء الجداول ومعالجة البيانات والرسوم البيانية .

في الماضي كان المستخدم من أصحاب الخبرات التقنية له الأفضلية على المستخدم العادي نظرا لقدرته على تجميع المعلومات ومعرفته بخفايا العلاقات بين جداول قاعدة البيانات مما يعطيه الأفضلية في إنشاء التقارير. في حين أن المستخدمين الاقل خبرة في الامور التقنية يضطرون للجوء الى قص ولصق البيانات ونسخ بعض المعلومات من تقارير اخرى الامر الذي يجعل بناء هذه التقارير عملية مملة وعرضة للخطاء.

تلك الايام قد ولت نظرا لأن داينامكس AX يوفر مجموعة من مكعبات (Cube) الاستعلام التي بسطت ولخصت البيانات بطريقة تمكنك من استخدامها بشكل مباشر من داخل الاكسل مما يجعل عملية أستخراج التقارير أكثر سهولة. كما يضمن حصول الجميع على نفس النتيجة عند إنشاء التقارير الخاصة بهم.

إنشاء تقارير من مكعبات دايناكمس AX باستخدام الاكسل

إذا كانت هذه هي المرة الاولى التي ستستخدم فيها مكعبات دايناكمس AX التحليلية فستكون بحاجة لإنشاء اتصال مع المكعبات التحليلية من خلال اكسل لمرة واحدة فقط نظرا لأن اكسل سيحتفظ ببيانات الاتصال للمرة القادمة.

للقيام بذلك انقر على تبويب "بيانات" ثم على زر "احضار بيانات خارجية" ثم "مصادر اخرى " ثم من القائمة قم باختيار "من خدمات التحليل".

إنشاء تقارير من مكعبات دايناكمس AX باستخدام الاكسل

في نافذة "معالج اتصال البيانات" اكتب اسم الخادم الذي يحتوي على مكعبات التحليل ثم انقر على زر "التالي".

إنشاء تقارير من مكعبات دايناكمس AX باستخدام الاكسل

في الصفحة التالية سيُطلب منك تحديد قاعدة البيانات والجدول او المكعب المراد استخدامه. في حال قيامك بازالة خيار "الاتصال بـ Cube او جدول معين" سستتمكن حينها من استخدام هذا الاتصال لمرات عديدة للاتصال بأي من المكعبات الثمانية عشر دون الحاجة لإنشاء اتصال جديد.

كل ما عليك القيام به الآن هو تحديد المكعب المراد إنشاء التقارير اعتماداً على بياناته ثم النقر على زر "التالي".

إنشاء تقارير من مكعبات دايناكمس AX باستخدام الاكسل

اخيراً قم بتسمية ملف الاتصال. او يمكنك الإكتفاء بالاسم الافتراضي.

عند الانتهاء من تسمية ملف الاتصال انقر على زر "إنهاء".

إنشاء تقارير من مكعبات دايناكمس AX باستخدام الاكسل

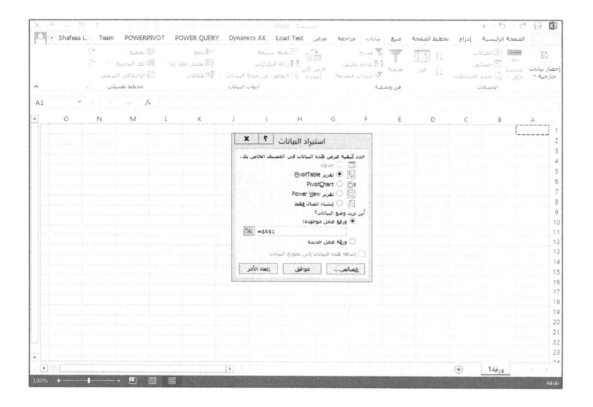

سيطلب منك اكسل أن تقوم بتحديد كيفية عرض البيانات. لغايات هذا المثال سيكون"تقرير PivotTable" خيار جيد. قم بتحديده ثم انقر على زر "موافق" .

إنشاء تقارير من مكعبات دايناكمس AX باستخدام الاكسل

سيقوم اكسل بإنشاء ورقة عمل جديدة تحتوي على جدول "PivotTable" فارغ يظهر في يمين الشاشة. كما ستلاحظ ظهور نافذة تعرض جميع الحقول المتعلقة بالمكعب وستكون مقسمة على مجموعات بأسماء واضحة بحيث يكون الجميع قادرا على فهمها .

إنشاء تقارير من مكعبات دايناكمس AX باستخدام الاكسل

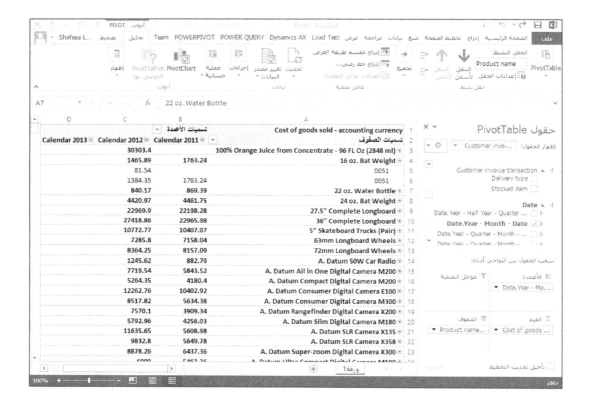

لإنشاء التقرير قم بتحديد الحقول المراد إضافتها الى "PivotTable".

تحديث بيانات داينامكس AX باستخدام الوظائف الاضافية في الاكسل

مخطئ أن كنت تظن أن أدوات داينامكس AX الاضافية الموجودة في الاكسل هي مجرد أداة لتصدير البيانات فقط . لكنها أيضا تملك القدرة على استيراد البيانات مما يجعلها أداة عظيمة خصوصاً عند تنفيذ عمليات الاستيراد لأعداد كبيرة من السجلات. كما توفر أيضا إمكانية تحديث البيانات الموجودة في داينامكس AX.

من المؤكد أن هذه الطريقة أفضل بكثير من طريقة او دي بي سي (ODBC) التقليدية التي كان الناس يستخدمونها للاتصال وتحديث البيانات. نظرا لأن استيراد وتحديث البيانات من خلال أدوات داينامكس AX يراعي قواعد وإجراءات الأمان قبل إتمام عملية تحديث البيانات.

تحديث بيانات داينامكس AX باستخدام الوظائف الاضافية في الاكسل

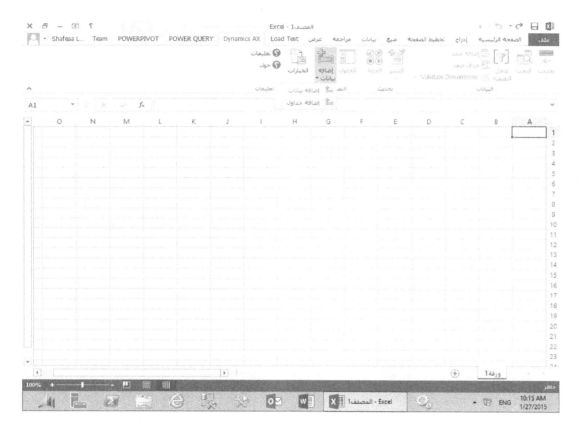

من تبويب "Dynamics AX" في الاكسل انقر على زر "إضافة البيانات" ثم من القائمة قم باختيار "إضافة جداول".

تحديث بيانات داينامكس AX باستخدام الوظائف الاضافية في الاكسل

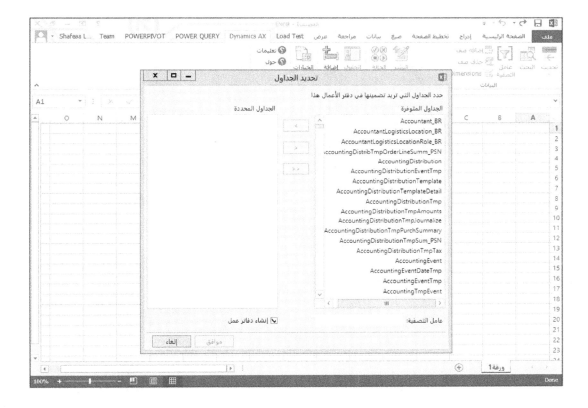

سيقوم اكسل بفتح نافذة "تحديد الجداول" التي تحتوي على جميع الجداول في داينامكس AX .

تحديث بيانات داينامكس AX باستخدام الوظائف الاضافية في الاكسل

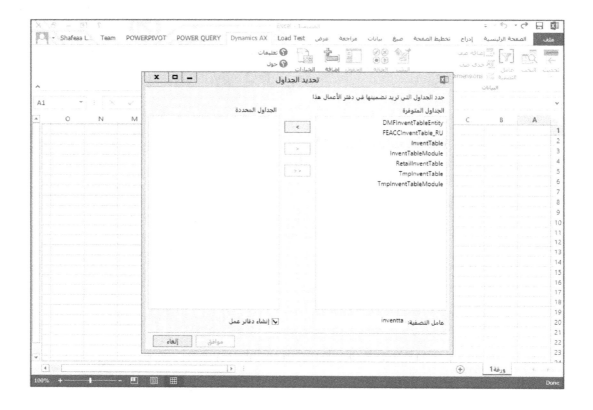

يمكنك تصفية الجداول بكتابة اسم الجدول او جزء منه في حقل "عامل التصفية".

تحديث بيانات داينامكس AX باستخدام الوظائف الاضافية في الاكسل

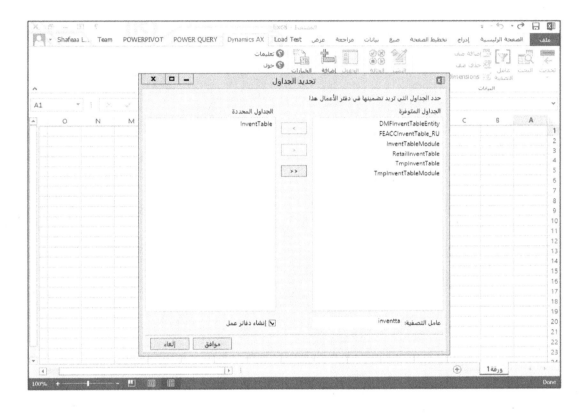

لإضافة الجدول الى ورقة العمل قم بتحديد الجدول من "الجداول المتوفرة" ثم انقر على ">" ليتم نقله الى "الجداول المحددة" بعد الإنتهاء من تحديد جميع الجداول المراد تحديثها انقر على زر "موافق" ليتم اغلاق النافذة .

تحديث بيانات داينامكس AX باستخدام الوظائف الاضافية في الاكسل

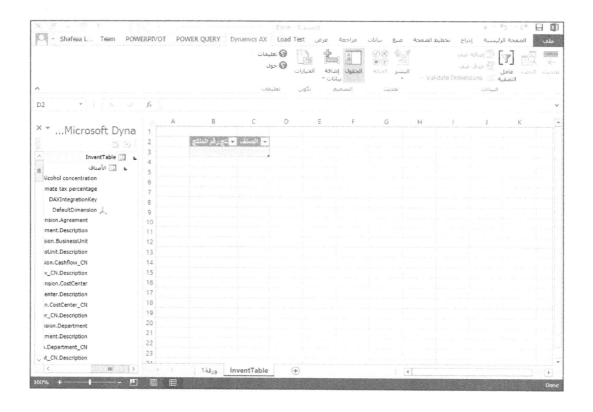

عند الرجوع الى اكسل ستلاحظ أن اكسل قام بإنشاء ورقة عمل جديدة لكل جدول قمت باختياره. تحتوي كل ورقة عمل على الحقول الاجبارية لكل جدول بالإضافة الى نافذة على يسار الشاشة تعرض كافة الحقول المرتبطة مع هذا الجدول.

تحديث بيانات داينامكس AX باستخدام الوظائف الاضافية في الاكسل

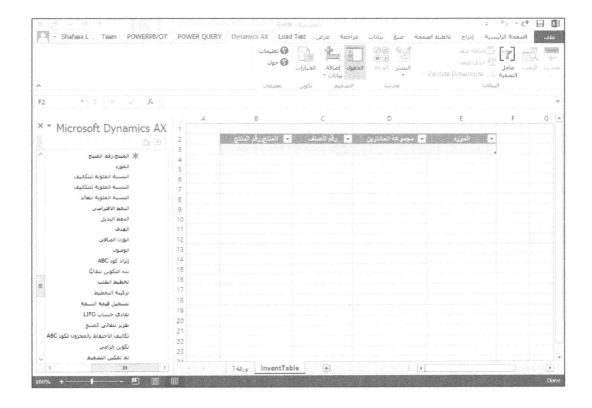

يمكنك إضافة المزيد من الحقول الى ورقة العمل عن طريق سحبها من نافذة الحقول على يسار الشاشة الى ورقة العمل.

عند الإنتهاء من إضافة الحقول الى ورقة العمل انقر على زر "الحقول" الموجود في شريط الازرار تحت تبويب "Dynamics AX" للعودة الى وضعية التحرير.

تحديث بيانات داينامكس AX باستخدام الوظائف الاضافية في الاكسل

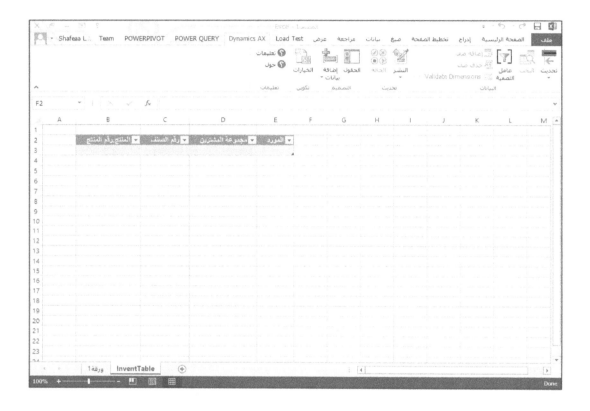

ثم انقر على زر "تحديث" لاسترجاع جميع البيانات من داينامكس AX.

تحديث بيانات داينامكس AX باستخدام الوظائف الاضافية في الاكسل

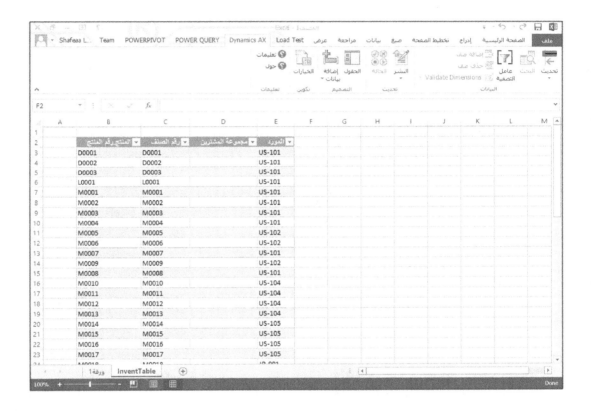

ستلاحظ أن ورقة العمل قد تم ملؤها ببيانات داينامكس AX.

تحديث بيانات داينامكس AX باستخدام الوظائف الاضافية في الاكسل

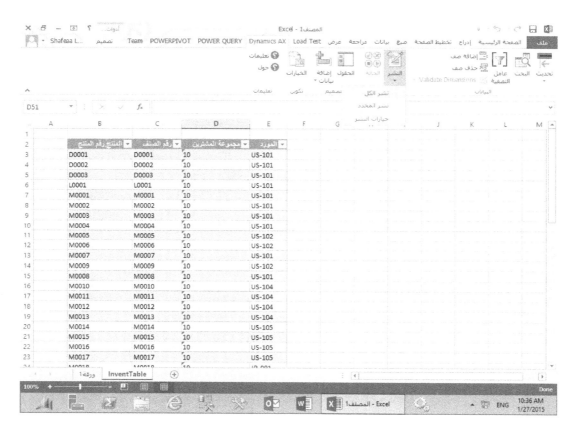

قم بتحديث السطور في اكسل ثم من شريط الازرار انقر على زر "النشر" ثم من القائمة قم باختيار "نشر الكل" ليتم تحديث البيانات في داينامكس AX.

تحديث بيانات داينامكس AX باستخدام الوظائف الاضافية في الاكسل

سيتم إنشاء ورقة عمل جديدة تظهر نتائج عملية التحديث كما تظهر أيضا عدد السجلات التي تم تحديثها.

تحديث بيانات داينامكس AX باستخدام الوظائف الاضافية في الاكسل

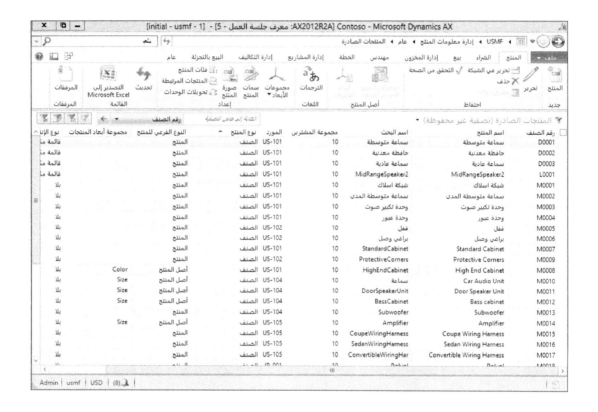

عند العودة الى نظام داينامكس AX ستجد أن جميع البينات قد تم تحديثها.

إنشاء تقارير لدايناكمس AX باستخدام الوورد

أدوات دايناكمس AX الاضافية الموجودة في برامج الاوفيس رائعة. ولا يخفى أن معظم المستخدمين يألفون كيفية التعامل مع الأدوات الاضافية الموجودة في الاكسل. لكن لا تنسى أن هذه الأدوات موجودة في الوورد (MS Word) أيضا.

تسمح لك هذه الأدوات بتصدير البيانات الى وثائق الوورد مما يتيح لك إمكانية إنشاء التقارير دون الحاجة لتلقي أي مساعدة من دائرة تكنولوجيا المعلومات. ويمكنك أيضا إنشاء أنواع متعددة من التقارير مع الحفاظ على إمكانية تعديل أشكال هذه التقارير ببساطة كما تفعل عادة بأي من وثائق الوورد.

إنشاء تقارير لدايناكمس AX باستخدام الوورد

بمجرد تنصيب أداوات دايناميكس AX الاضافية ستلاحظ ظهور تبويب جديد في مايكروسوفت وورد يدعى "Dynamics AX".

من شريط الازرار انقر على زر "إضافة البيانات" للبدء في إنشاء المستند.

إنشاء تقارير لدايناكمس AX باستخدام الوورد

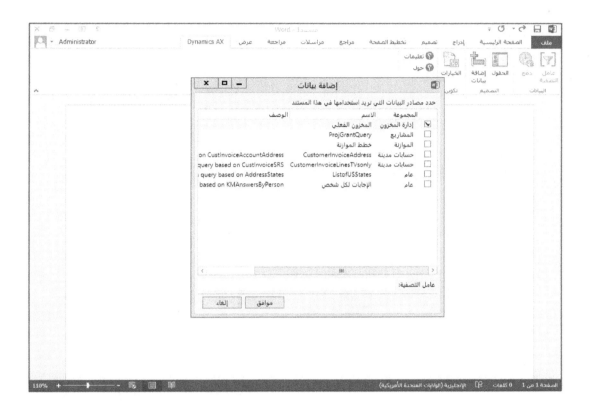

ستظهر نافذة تدعى "إضافة البيانات" تعرض لك هذه الصفحة جميع مصادر البيانات التي يمكنك استخدامها ضمن مايكروسوفت وورد. في هذا المثال سنقوم باستخدام استعلام (Query) "المخزون الفعلي".

إنشاء تقارير لدايناكمس AX باستخدام الوورد

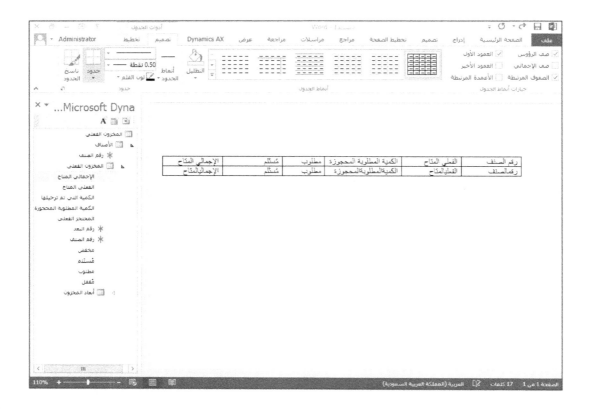

ستلاحظ ظهور نافذة على يسار الشاشة. تعرض هذه النافذة جميع الحقول التي تستطيع إضافتها الى التقرير.

في حال قيامك باستخدام الجداول في تصميم التقرير سيكون بمقدورك إنشاء قالب عند سحب الحقول الى الجدول.

ملاحظة : قم بإنشاء جدول مكون من سطرين ثم قم بسحب الحقول الى السطر الثاني عندها ستقوم الأدوات الاضافية بإضافة العناوين في السطر الاول بشكل اوتوماتيكي. وفي حال استخدام اللغة العربية تأكد من دمج الكلمات الموجودة في السطر الثاني كما هو موضح في الصورة.

إنشاء تقارير لدايناكمس AX باستخدام الوورد

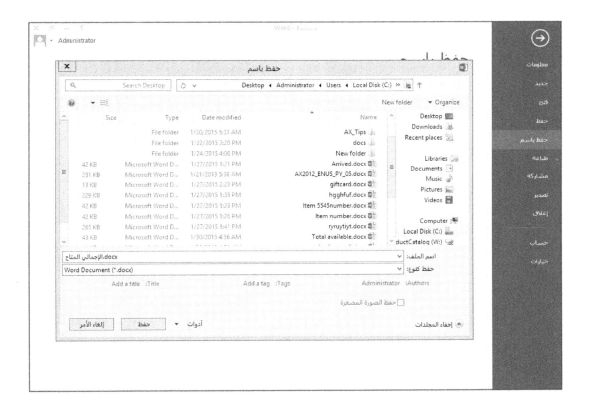

عن الإنتهاء قم بحفظ التقرير.

إنشاء تقارير لدايناكمس AX باستخدام الوورد

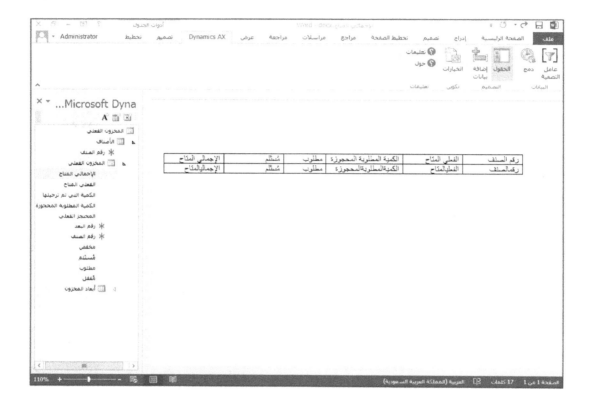

الآن انقر على زر "دمج" الموجود في شريط الازرار.

إنشاء تقارير لداينماكس AX باستخدام الوورد

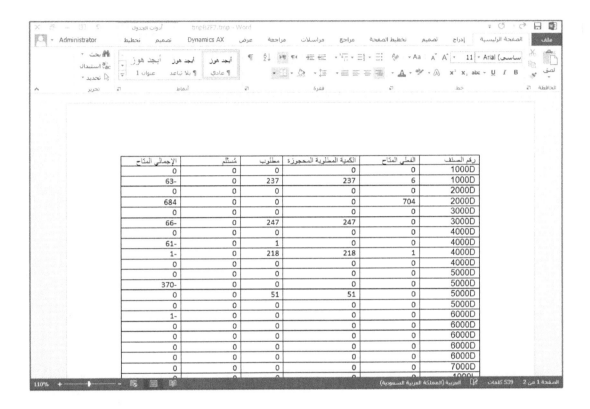

رقم الصنف	الفعلي المتاح	الكمية المطلوبة المحجوزة	مطلوب	مُستلم	الإجمالي المتاح
1000D	0	0	0	0	0
1000D	6	237	237	0	63-
2000D	0	0	0	0	0
2000D	704	0	0	0	684
3000D	0	0	0	0	0
3000D	0	247	247	0	66-
4000D	0	0	0	0	0
4000D	0	0	1	0	61-
4000D	1	218	218	0	1-
4000D	0	0	0	0	0
5000D	0	0	0	0	0
5000D	0	0	0	0	370-
5000D	0	51	51	0	0
5000D	0	0	0	0	0
6000D	0	0	0	0	1-
6000D	0	0	0	0	0
6000D	0	0	0	0	0
6000D	0	0	0	0	0
6000D	0	0	0	0	0
7000D	0	0	0	0	0

بناء على القالب الذي قمت بتصميمه سابقا سيتم إنشاء تقرير جديد وملؤه بالبيانات من داينامكس AX.

تعبئة قوالب الوورد ببيانات داينامكسAX

يسمح لك النظام بإنشاء مرفقات (Attachment) مبنية على قوالب الوورد (MS Word Template) . والذي يجعل هذه الميزة أكثر فائدة هو إمكانية تصدير وملء هذه المرفقات من بيانات السجل المراد إنشاء المرفقات له .

الجميع يملك مجموعة من القوالب الجاهزة للاستخدام على جهازه الشخصي. يمكنك استخدام هذه القوالب بحيث تتمكن من إنشاء الوثائق بناء على الوحدات النمطية (القوالب) .... ودون الحاجة لأن تكون مخباء على أي من أجهزة المستخدمين الشخصية .

تعبئة قوالب الوورد ببيانات داينامكسAX

في البداية قم بإنشاء قالب باستخدام مايكروسوف وورد.

الآن لا بد من إضافة "إشارة مرجعية" في الاماكن المراد ملؤها ببيانات من النظام. للقيام بذلك ضع المؤشر في المكان المطلوب ثم انقر على زر "إشارة مرجعية" الموجود في التبويب "إدراج" .

تعبئة قوالب الوورد ببيانات داينامكسAX

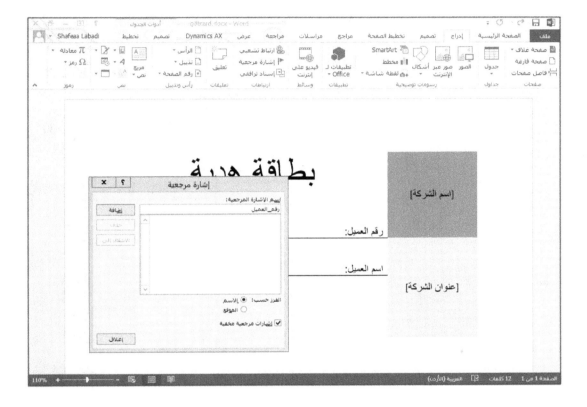

في نافذة "إشارة مرجعية" قم بكتابة اسم الاشارة المرجعية في الحقل المخصص لذلك ثم انقر على زر "إضافة" ثم لاغلاق النافذة انقر على زر "اغلاق" .

ملاحظة: عند استخدام اللغة العربية تأكد من دمج الكلمات كما هو موضح في الصورة اعلاه.

تعبئة قوالب الوورد ببيانات داينامكسAX

بعد الإنتهاء من إضافة جميع الإشارات المرجعية قم بتخزين الملف على صيغة "dot.".

تعبئة قوالب الوورد ببيانات داينامكسAX

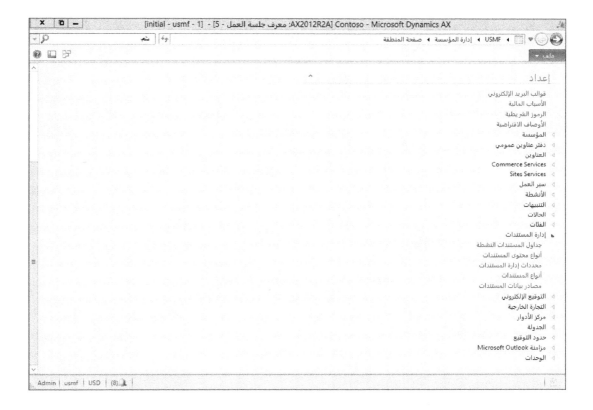

توجه الى وحدة إدارة المؤسسة ثم الى قسم "إعداد" ثم مجلد "إدارة المستندات" ثم شاشة "أنواع المستندات".

تعبئة قوالب الوورد ببيانات داينامكسAX

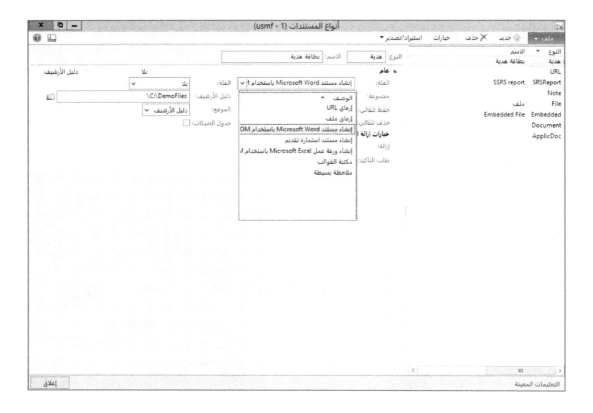

انقر على زر "جديد" لإنشاء سجل جديد ثم املء حقول "النوع" و "الاسم" ثم من قائمة "الفئة" قم باختيار
"إنشاء مستند Microsoft Word باستخدام COM" .

تعبئة قوالب الوورد ببيانات داينامكسAX

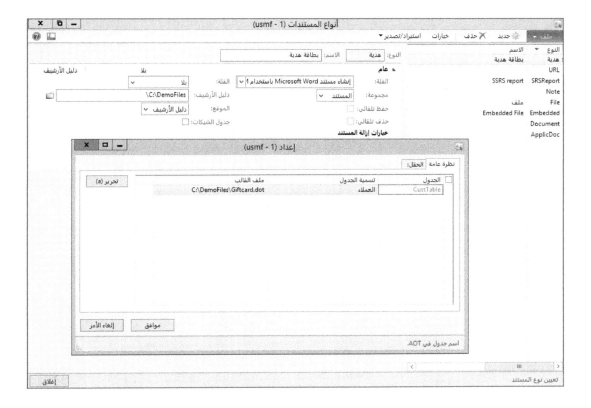

انقر على زر "خيارات" الذي تم تفعيله بمجرد تخزين السجل الجديد.

في نافذة "إعداد" قم بإضافة سجل جديد بالضغط على "Ctrl + N" ثم قم بتحديد الجدول المراد ربطه بالقالب في حقل "تسمية الجدول" بعد ذلك قم بتحديد مسار واسم القالب في حقل "ملف القالب".

في هذا المثال سنقوم باختيار جدول "العملاء".

تعبئة قوالب الوورد ببيانات داينامكسAX

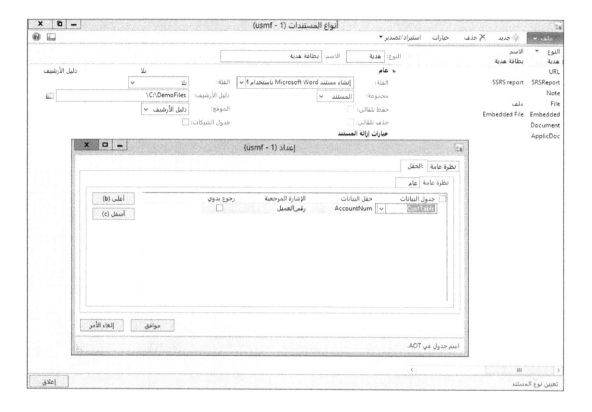

انتقل الى تبويب "الحقل" وقم بإضافة سجل جديد لكل إشارة مرجعية قمت بإنشائها في قالب الوورد.

في "حقل البيانات" قم بتحديد الحقل المراد تصدير بياناته الى القالب ثم حدد "الاشارة المرجعية" المرتبطة به.

عند الإنتهاء من ربط جميع الإشارات المرجعية انقر على زر "موافق" لاغلاق النافذة.

تعبئة قوالب الوورد ببيانات داينامكسAX

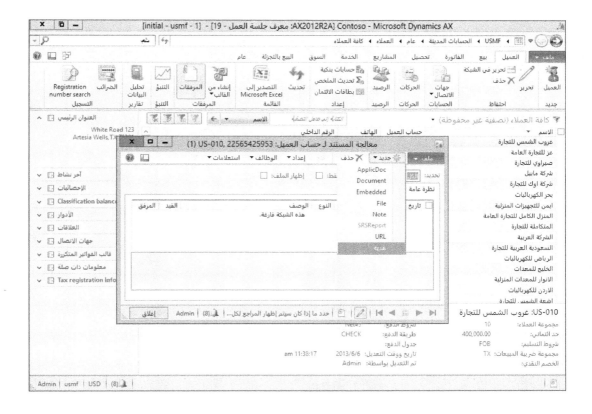

الآن عندما يتم إرفاق مستند ويجد النظام تطابق بين الجدول الرئيسي للشاشة و الجدول المرتبط مع نوع المستند في شاشة المرفقات......

تعبئة قوالب الوورد ببيانات داينامكسAX

سيتم وبشكل اتوماتيكي إنشاء وملء نسخة من الوثيقة التي قمت بتصميمها مسبقا.

طريقة رائعة اليس كذالك.

إنشاء نماذج مراسلات العملاء باستخدام قوالب الوورد

على الارجح أنك قمت باستخدام أدوات داينامكس AX الاضافية الموجودة في الاكسل لكن لا تنسى أن بالإمكان عمل شيء مشابه باستخدام الوورد لإنشاء القوالب وتصدير بيانات النظام بكبسة زر. لكن الامر لا يتوقف عن هذا الحد بمقدورك أن تقوم بتخزين هذه القوالب على الشيربوينت (MS SharePoint) بحيث تصبح متاحة للجميع من خلال واجهة الاستخدام.

تعد هذه طريق رائعة لإنشاء التقارير الاكثر شيوعا بالاعتماد على القوالب.

إنشاء نماذج مراسلات العملاء باستخدام قوالب الوورد

قبل البدء عليك أن تتأكد من وجود إستعلام (Query) يمكن لمايكرسوف ورد أن يستخدمه كمصدر للبيانات. أيضا لا بد أن يكون هذا الإستعلام مرتبط بأحد الجداول الرئيسية في داينامكس AX. على سبيل المثال جدول "CustTable".

إذا لم يكن لديك إستعلامات معرفة مسبقا فيمكنك تعريف إستعلامات جديدة من شاشة "مصادر بيانات المستندات" الموجودة في مجلد "إدارة المستندات" الموجود في قسم "إعداد" في وحدة إدارة المؤسسة.

إنشاء نماذج مراسلات العملاء باستخدام قوالب الوورد

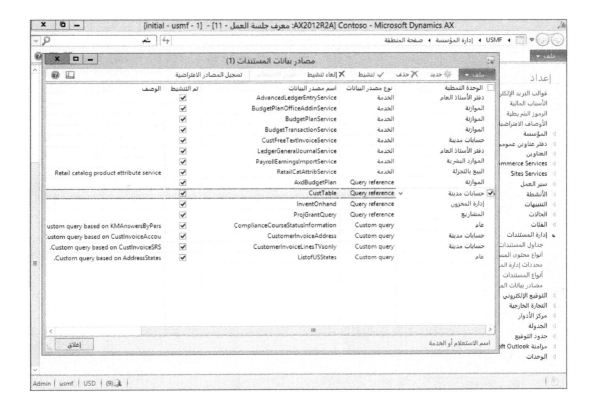

لتعريف مصدر بيانات جديد في نافذة "مصادر بيانات المستندات" انقر على زر "جديد" ثم تأكد من اختيار الذمم المدينة في حقل "الوحدة النمطية" ثم قم باختيار "Query Reference" من حقل "نوع مصدر البيانات" ثم "CustTable" من "اسم مصدر البيانات".

للخروج من النافذة بعد الإنتهاء انقر على زر "إغلاق".

إنشاء نماذج مراسلات العملاء باستخدام قوالب الوورد

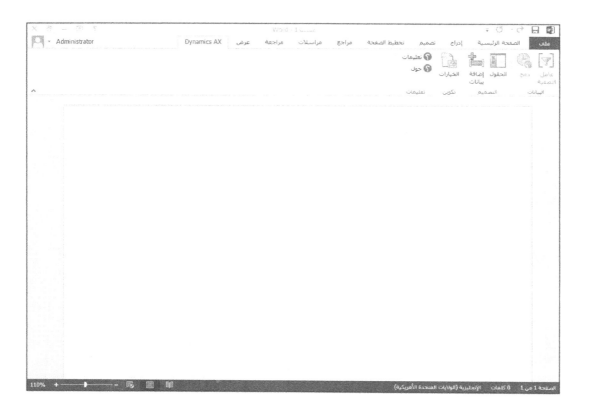

لإنشاء قالب الوورد انقر على زر "إضافة البيانات" الموجود في تبويب "Dynamics AX".

إنشاء نماذج مراسلات العملاء باستخدام قوالب الوورد

في نافذة "إضافة البيانات" قم بتحديد مصدر البيانات "CustTable" ثم انقر على زر "موافق".

إنشاء نماذج مراسلات العملاء باستخدام قوالب الوورد

سيتم عرض الحقول في نافذة على يسار الشاشة . لإضافة الحقول قم بسحبها الى الوثيقة.

إضافةً الى ذلك يمكنك إنشاء عنصر متكرر في حال قمت بإضافة جدول داخل الوثيقة.

عند الإنتهاء من تصميم القالب قم بحفظه ثم انقر على زر "دمج" الموجود في شريط الازرار.

ملاحظة : عند استخدام اللغة العربية تأكد من اللصاق المقاطع ببعضها البعض إذا كان اسم الحقل يتكون من أكثر من مقطع في السطر الثاني من الجدول

إنشاء نماذج مراسلات العملاء باستخدام قوالب الوورد

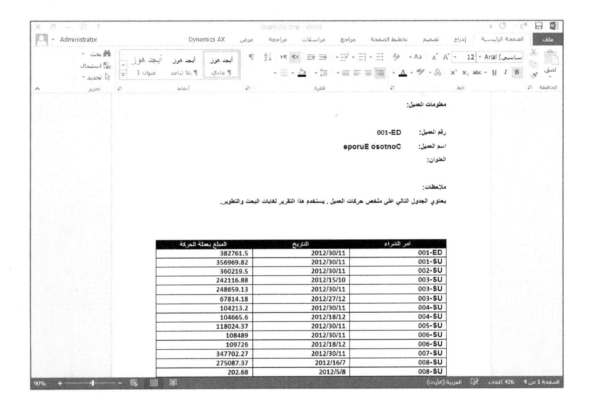

سيتم إنشاء مستند جديد وسيتم ملؤها ببيانات داينامكس AX.

إنشاء نماذج مراسلات العملاء باستخدام قوالب الوورد

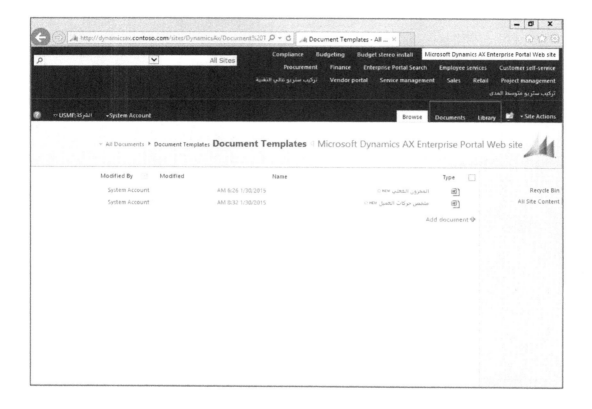

الخطوة التالية هي جعل هذا القالب متوفر للمستخدمين من داخل داينامكس AX. للقيام بذالك قم بإنشاء مكتبة للمستندات داخل الشيربوينت (SharePoint) ثم قم بحفظ هذا القالب في المكتبة.

إنشاء نماذج مراسلات العملاء باستخدام قوالب الوورد

بعد الإنتهاء من إنشاء مكتبة المستندات يجب علينا ربطها مع داينامكس AX. للقيام بذالك توجه الى وحدة إدارة المؤسسة ثم قسم "إعداد" ثم مجلد "إدارة المستندات" ثم شاشة "أنواع المستندات" .

إنشاء نماذج مراسلات العملاء باستخدام قوالب الوورد

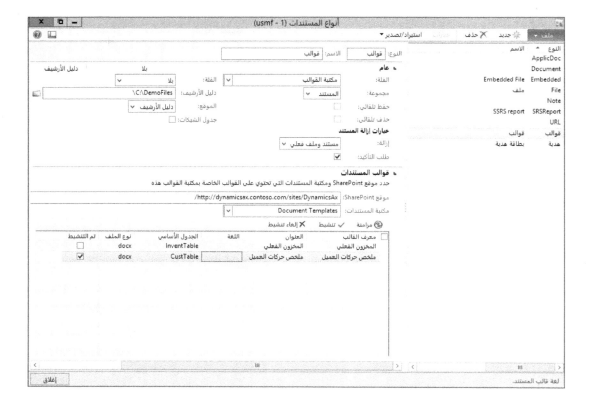

في حال كنت لا تملك نوع مستند من فئة "مكتبة القوالب" قم بإنشاء واحد جديد ثم قم بتحديد "موقع الشيربوينت" في الحقل المخصص ثم انقر على زر "المزامنة" في تبويب "قوالب المستندات".

ستلاحظ أن النظام قام باستيراد قوالب المستندات من الشيربوينت. قم بتحديد القالب المراد تفعيله ثم انقر على زر "تنشيط".

إنشاء نماذج مراسلات العملاء باستخدام قوالب الوورد

الآن سيصبح القالب جاهز للاستخدام في شاشة البيانات المرتبطة بالقالب (في هذا المثال شاشة العملاء) وعند النقر على زر "إنشاء من القالب" سيكون بامكانك اختبار القالب الخاص بك.

إنشاء نماذج مراسلات العملاء باستخدام قوالب الوورد

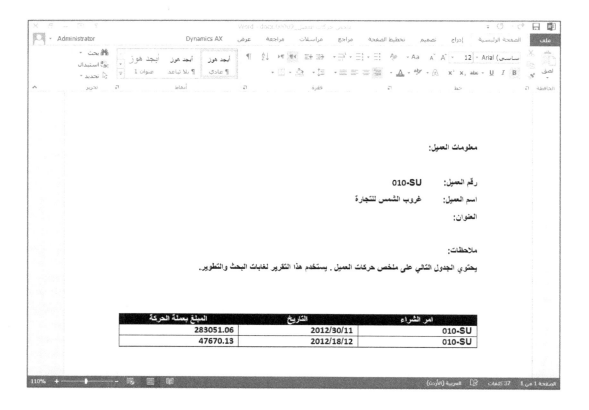

قم باختيار القالب وسيتم إنشاء مستند جديد وملؤه بالبيانات.

إنشاء نماذج مراسلات العملاء باستخدام قوالب الوورد

كما سيتم حفظ الوثيقة في المرفقات بحيث يمكنك الرجوع اليها.

تحديث خطط المشاريع باستخدام مايكروسوفت بروجيكت

مع التحديث التراكمي السابع (CU7) تمت إضافة ميزة جديدة تتعلق بالمشاريع . تسمح لك هذه الميزة بربط المشاريع مع برنامج مايكروسوفت بروجيكت (MS Project) بحيث تمتلك القدرة على تحديث خطوات ومراحل المشروع من خلال مايكروسوفت بروجيكت ومن ثم نقل هذه التعديلات بشكل اوتوماتيكي الى داينامكس AX.

تحديث خطط المشاريع باستخدام مايكروسوفت بروجيكت

قم باختيار المشروع المراد ربطه وادارته من خلال مايكروسوفت بروجيكت ثم انقر على زر "فتح في Microsoft Project" الموجودة في شريط الازرار.

تحديث خطط المشاريع باستخدام مايكروسوفت بروجيكت

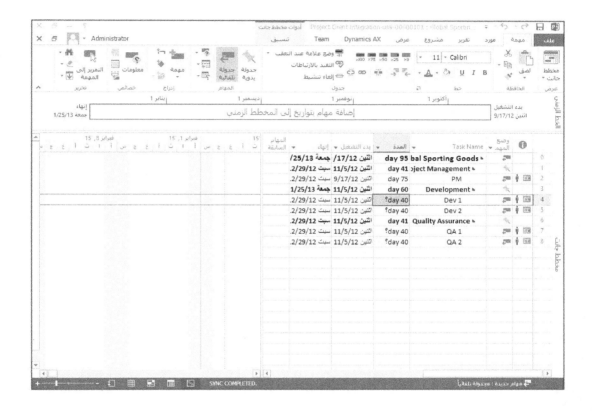

سيتم فتح المشروع في مايكروسوفت بروجيكت وعرض جميع المهام التي تم إعدادها للمشروع في داينامكس AX.

تحديث خطط المشاريع باستخدام مايكروسوفت بروجيكت

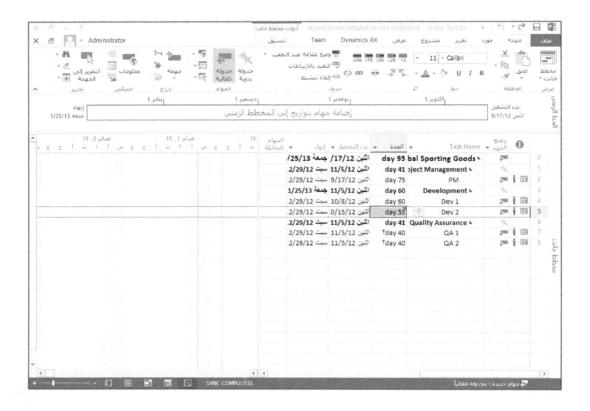

يمكنك الآن تعديل وتحديث تفاصيل المشروع من خلال مايكروسوفت بروجيكت. عند الإنتهاء من تعديل
تفاصيل المشروع قم بإغلاق مايكروسوفت بروجيكت.

تحديث خطط المشاريع باستخدام مايكروسوفت بروجيكت

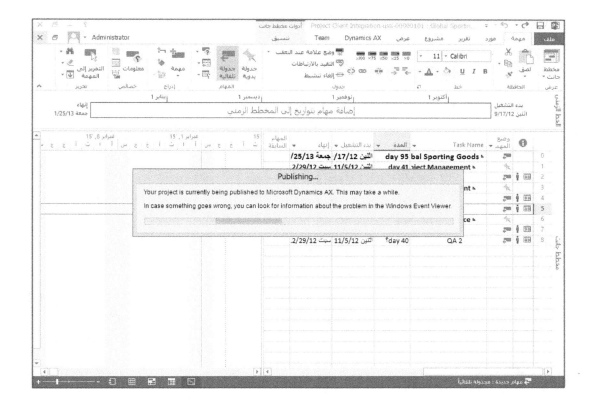

سيتم عندها عكس جميع التحديثات وتخزينها في داينامكس AX .

تحديث خطط المشاريع باستخدام مايكروسوفت بروجيكت

عند العودة الى شاشة المشاريع في داينامكس AX. ستلاحظ ظهور أيقونة على يمين المشروع تدل على وجود رابط بين المشروع و مايكروسوفت بروجيكت.

تحديث خطط المشاريع باستخدام مايكروسوفت بروجيكت

عند إلقاء نظرة على هيكل تنظيم العمل للمشروع ستلاحظ أن جميع التعديلات التي اجريتها من خلال
مايكروسوفت بروجيكت قد انعكست على المشروع.

إنشاء المشاريع في داينامكس AX من خلال مايكروسوفت بروجيكت

ربها يعلم الجميع أن بمقدورك تحديث بيانات المشاريع في داينامكس AX مباشرة من خلال برنامج مايكروسوفت بروجيكت. لكن التكامل بين المشاريع و برنامج مايكروسوفت بروجيكت أصبح أكثر روعة.

إذا كانت لديك خطة مشروع تريد تحويلها الى مشروع جديد في داينامكس AX فاصبح بإمكانك إنشاء هذه المشاريع مباشرة من خلال المايكروسوفت بروجيكت .

تعد هذه الطريقة سهلة جداً لترحيل كل مشاريعك القديمة الى داينامكس AX.

إنشاء المشاريع في داينامكس AX من خلال مايكروسوفت بروجيكت

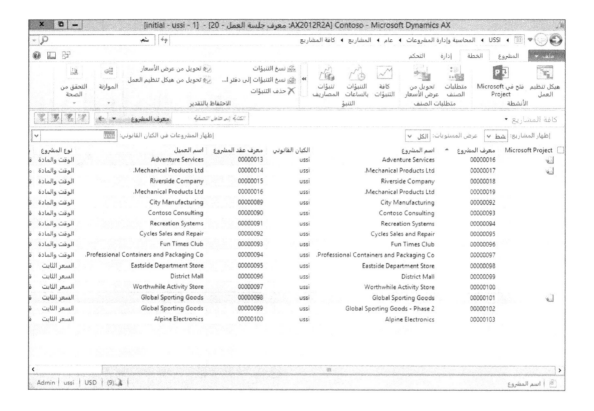

قم بمراجعة المشاريع الحالية في شاشة كافة المشاريع للتأكد من عدم وجود المشروع المراد إنشاءه باستخدام
مايكروسوفت بروجيكت.

إنشاء المشاريع في داينامكس AX من خلال مايكروسوفت بروجيكت

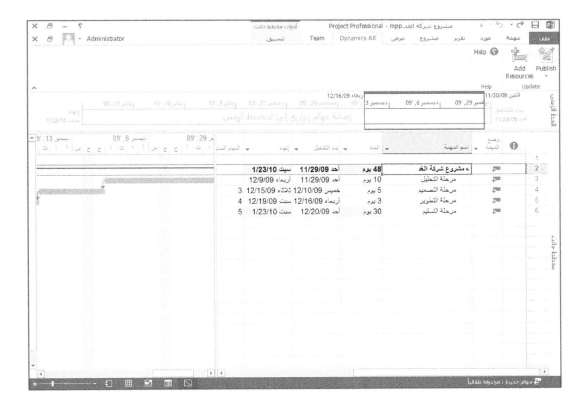

قم بفتح أي من خطط المشاريع الموجودة على مايكروسوفت بروجيكت ثم قم بالنقر على زر "Publish" الموجود في تبويب "Dynamics AX".

إنشاء المشاريع في داينامكس AX من خلال مايكروسوفت بروجيكت

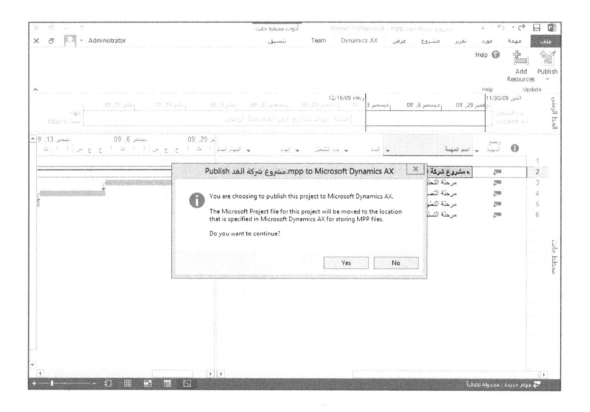

سيقوم النظام بعرض رسالة مفادها أن خطة المشروع سيتم نسخها الى داينامكس AX. انقر على زر "Yes" .

إنشاء المشاريع في داينامكس AX من خلال مايكروسوفت بروجيكت

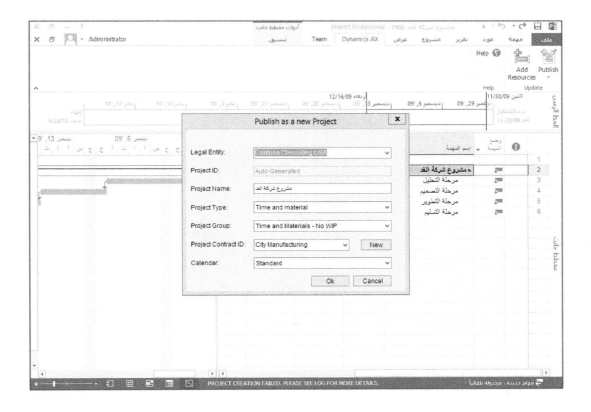

عند ظهور نافذة "Publish as new project" سيكون بمقدرك تعديل الإعدادات الافتراضية. او يمكنك الإكتفاء بكتابة اسم المشروع في حقل "Project Name" ثم النقر على رز "OK". عندها سيتم إنشاء المشروع في داينامكس AX.

إنشاء المشاريع في داينامكس AX من خلال مايكروسوفت بروجيكت

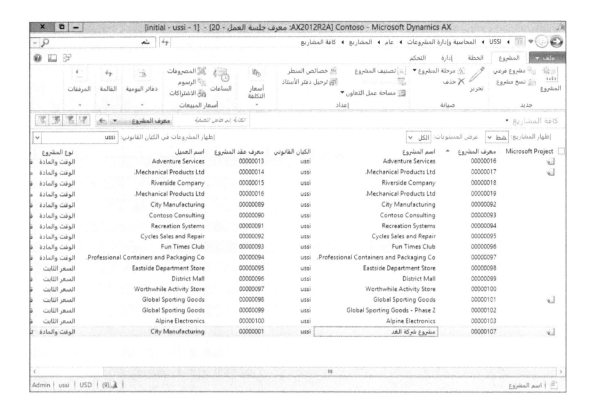

عند العودة الى شاشة المشاريع في داينامكس AX ستجد أن المشروع الجديد قم تم إنشائه.

إنشاء المشاريع في داينامكس AX من خلال مايكروسوفت بروجيكت

وعند قيامك بفتح سجل المشروع ستلاحظ أن معظم المعلومات الرئيسية قد تم ملؤها.

إنشاء المشاريع في داينامكس AX من خلال مايكروسوفت بروجيكت

ستجد أيضا أن جميع المهام قد تم نسخها الى هيكل تنظيم العمل.

نصائح في طرق استخراج التقارير

على الرغم من أن التقارير القياسية في داينامكس AX تعد تقارير جيدة. رغم ذألك لا زال بامكانك الارتقاء بالتقارير الى مستوى أعلى عن طريق استخدام أداوات تصميم التقارير الغير ظاهرة .

يمكنك الاستفادة من المكعبات التحليلية (Cubes) الموجودة في داينامكس AX. كما يمكنك الاستفادة من مايكروسوفت اكسل(MS Excel) والبورفيو(PowerView) لتصميم تقاريرلوحات القيادة (Dashboards).

وبمقدورك أيضا نشر بيانات داينامكس AX من خلال الـ Office 365 حتى يتسنى للجميع تبادل التقارير والاستعلامات (Queries).

في هذا الفصل سنظهر بعض الطرق الغير مألوفة لإنشاء ومشاركة التقارير.

نشر مكعبات التحليل للمعلومات المهنية

يحتوي داينامكس AX على ثمانية عشر مكعب تحليلي (Cube) مُعدة مسبقاً لاستخلاص البيانات وعرضها بطريقة أكثر ودية للمستخدم. يمكن لعموم المستخدمين الاستفادة من هذه المكعبات لإنشاء التقارير ولوحات القيادة حيث لا يشترط أن يكون المستخدم خبيرا في قواعد البيانات.

قد يعتقد البعض أن إنشاء مكعبات التحليل ستكون عملية شاقة وتحتاج الى الكثير من عمليات التخطيط والتصميم وأنها قد تتطلب أسابيع او حتى شهور لإعدادها وتشغيلها لكن هذا الاعتقاد غير صحيح. كل ما عليك القيام به هو تشغيل معالج النشر وستكون خلال دقائق قادراً على استخدامها. ماذا تنتظر ؟

نشر مكعبات التحليل للمعلومات المهنية

من قائمة "ملف" اختر "أدوات" ثم "أداوات المعلومات المهنية (BI)" ثم "معالج مشروع Analysis Services".

نشر مكعبات التحليل للمعلومات المهنية

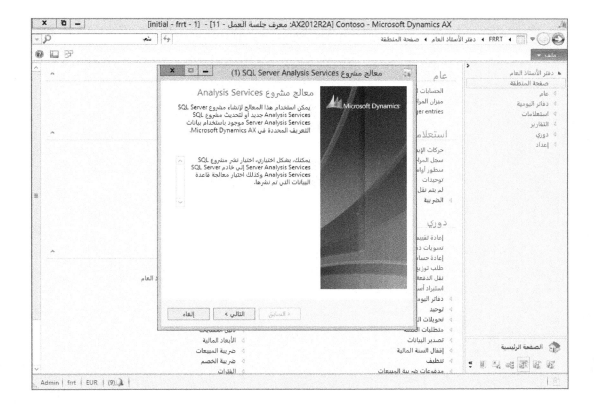

عند ظهور شاشة "معالج مشروع Analysis Services " انقر على زر "التالي".

نشر مكعبات التحليل للمعلومات المهنية

قم بتحديد خيار "نشر" لإنشاء المكعبات التحليلية المعدة مسبقاً في داينامكس AX ثم انقر على زر "التالي".

نشر مكعبات التحليل للمعلومات المهنية

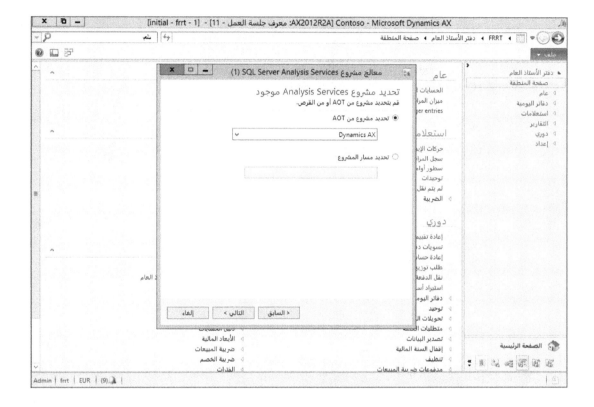

قم باختيار "Dynamics AX" من قائمة "تحديد مشروع AOT" ثم انقر على زر "التالي".

نشر مكعبات التحليل للمعلومات المهنية

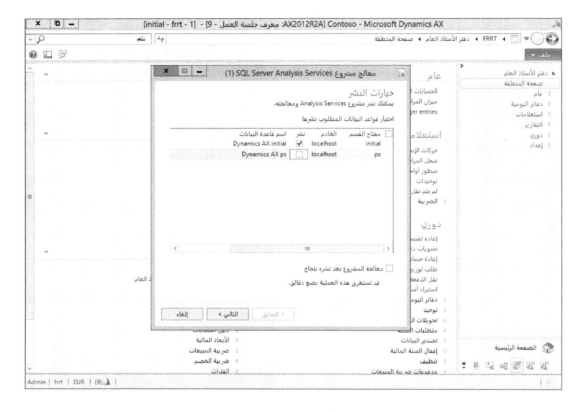

عند ظهور نافذة "خيارات النشر" قم باختيار قاعدة البيانات المراد نشرها ثم انقر على زر "التالي".

ملاحظة: في حالتك قد لاتملك الا قاعدة بيانات واحدة. قم باختيار "معالجة المشروع بعد نشره بنجاح" لمعالجة البيانات بحيث تكون جاهزة للبدء في استخراج التقارير منها.

نشر مكعبات التحليل للمعلومات المهنية

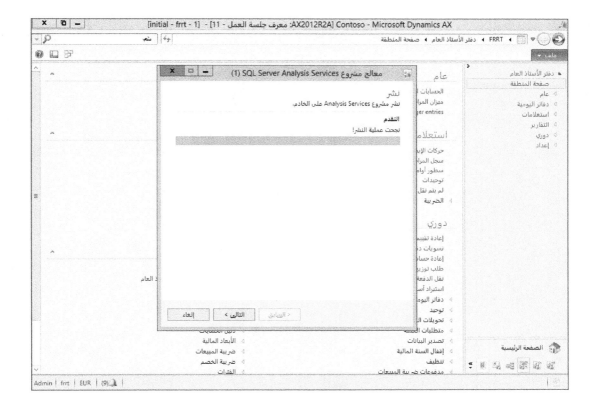

سيبدأ المعالج بالعمل وعلى الارجح سيحتاج بضع دقائق لإنشاء ومعالجة المكعبات. عند الإنتهاء انقر على زر "التالي".

نشر مكعبات التحليل للمعلومات المهنية

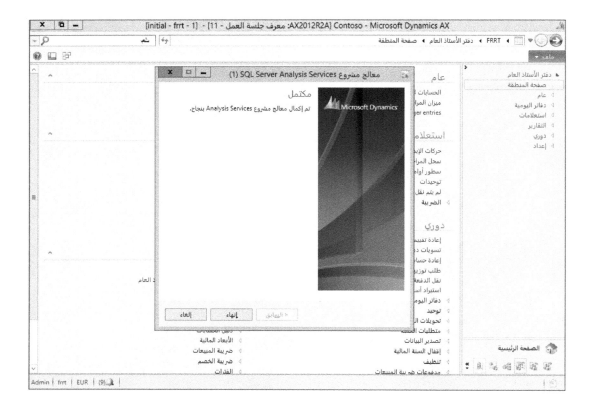

انقر على زر إنهاء للخروج من المعالج.

نشر مكعبات التحليل للمعلومات المهنية

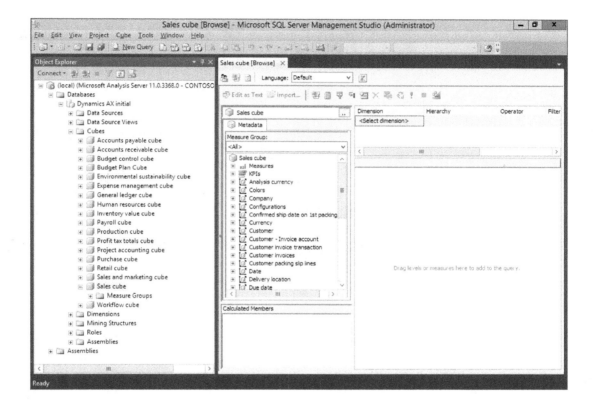

ستتمكن من مشاهدة المكعبات التي قام المعالج بإنشائها من خلال الـ "SQL Server Management Studio".

إنشاء لوحات القيادة باستخدام البورفيو

أن كنت قد دققت النظر في شاشات داينامكس AX فربما تكون قد لاحظت وجود زر جديد يدعى "تحليل البيانات". عند النقر على هذا الزر سيتم فتح أداة البورفيو (PowerView) التي تعطيك القدرة على إنشاء التقارير ولوحات القيادة (Dashboard).

مع هذه الأداة الجديدة يمكنك إنشاء لوحات القيادة (Dashboard) والتقارير دون الحاجة لازعاج زملائك في دائرة تكنولوجيا المعلومات.

إنشاء لوحات القيادة باستخدام البورفيو

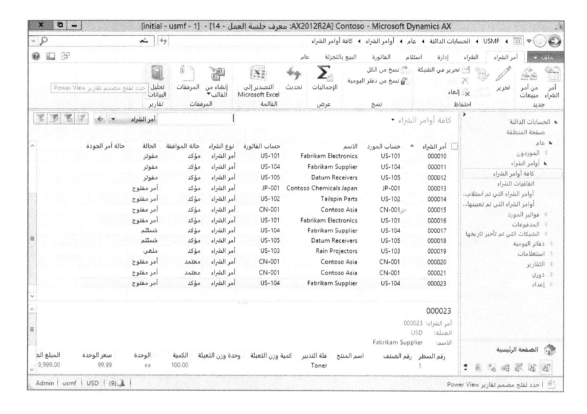

انقر على زر "تحليل البيانات" عند مشاهدته.

إنشاء لوحات القيادة باستخدام البورفيو

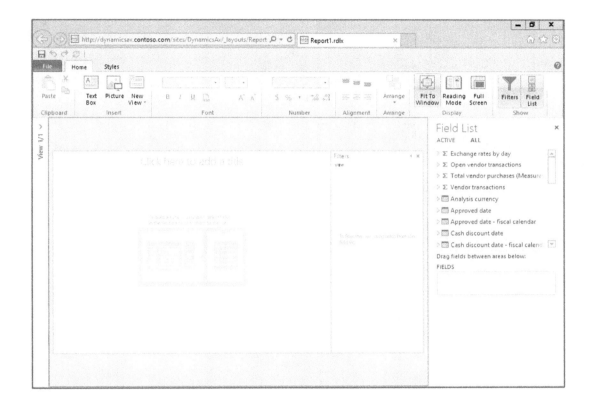

سيتم فتح مصمم تقارير البورفيو وعرض جميع البيانات والحقول الموجودة من مكعبات التحليل.

إنشاء لوحات القيادة باستخدام البورفيو

كل ما عليك فعله هو تصميم التقرير.

استخدام البوربايفوت في اكسل لإنشاء تقارير بورفيو من مكعبات خدمات التحليل

من المؤكد أنك وصلت لطريق مسدود عند محاولتك إنشاء تقرير بورفيو من داخل الاكسل . لا تيأس تستطيع من خلال استخدام البوربايفوت (PowePivot) خداع البوفيو ليظن أنه يتعامل مع احد جداول البيانات.

الجانب السلبي الوحيد لهذه الطريقة أننا لم نعد بحاجة لاستخدام البوكويري (PowerQuery) بشكل كبير.

استخدام البوربايفوت في اكسل لإنشاء تقارير بورفيو من مكعبات خدمات التحليل

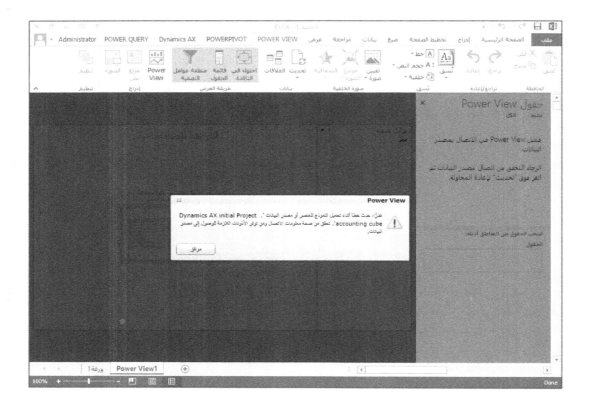

هذه هي المشكلة التي نتحدث عنها.

استخدام البوربايفوت في اكسل لإنشاء تقارير بورفيو من مكعبات خدمات التحليل

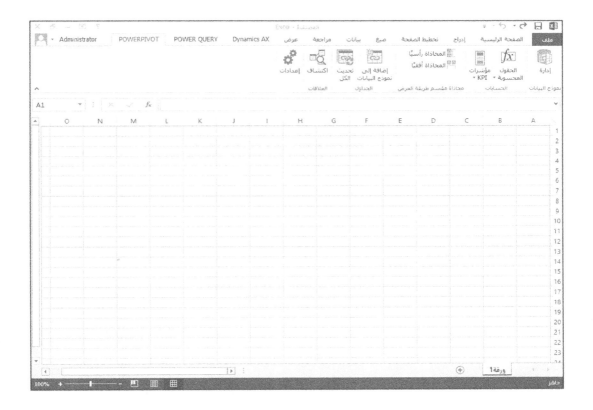

افتح الاكسل ثم من تبويب "POWERPIVOT" انقر على زر "إدارة" الموجود في شريط الازرار.

استخدام البوربايفوت في اكسل لإنشاء تقارير بورفيو من مكعبات خدمات التحليل

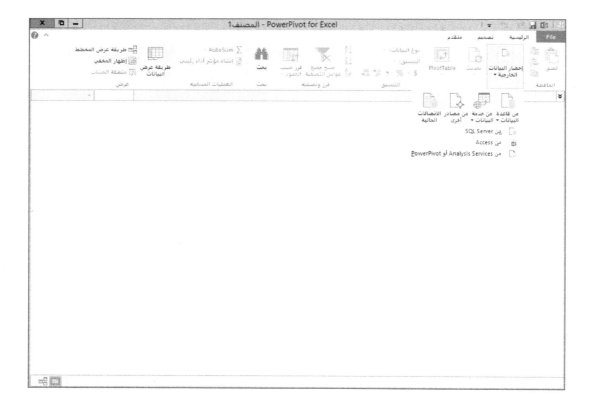

عندما يتم فتح شاشة إدارة البوربايفوت انقر على زر "احضار البيانات الخارجية" ثم قم باختيار "من قاعدة البيانات" ثم "من Analysis Services او PowerPivot".

استخدام البوربايفوت في اكسل لإنشاء تقارير بورفيو من مكعبات خدمات التحليل

من نافذة "معالج استيراد الجداول" قم بتحديد اسم الخادم واسم قاعدة البيانات ثم انقر زر "التالي".

استخدام البوربايفوت في اكسل لإنشاء تقارير بورفيو من مكعبات خدمات التحليل

في نافذة "تحديد استعلام MDX" انقر على زر التصميم بدلا من كتابة التعليمات البرمجية لـ MDX بطريقة يدوية.

استخدام البوربايفوت في اكسل لإنشاء تقارير بورفيو من مكعبات خدمات التحليل

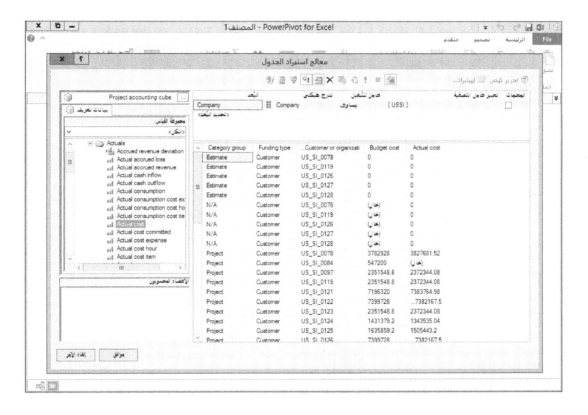

لإنشاء الاستعلام في شاشة المصمم قم بسحب الحقول الى مساحة العمل وعند الإنتهاء من تصميم الاستعلام انقر على زر "موافق".

استخدام البوربايفوت في اكسل لإنشاء تقارير بورفيو من مكعبات خدمات التحليل

عند العودة الى نافذة "تحديد استعلام MDX" في معالج استيراد الجداول انقر على زر "إنهاء" لإنهاء عملية الاستيراد.

استخدام البوربايفوت في اكسل لإنشاء تقارير بورفيو من مكعبات خدمات التحليل

إذا جرت الامور على مايرام سيقوم البوبايفوت باستيراد جميع السجلات . يمكنك الآن النقر على زر "اغلاق".

استخدام البوربايفوت في اكسل لإنشاء تقارير بورفيو من مكعبات خدمات التحليل

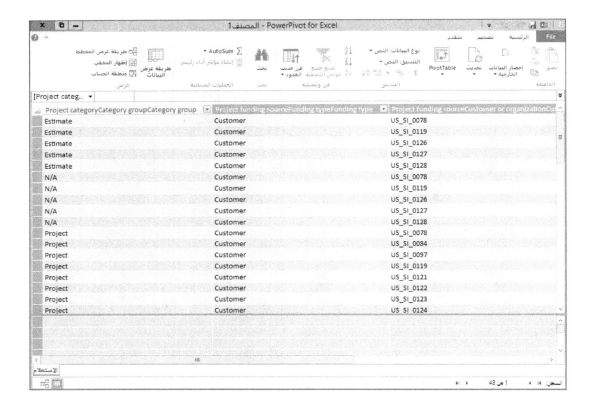

الآن وبالعودة الى الشاشة الرئيسية لإدارة البوفيو ستجد أن الاستعلام الذي قمت بتصميمه قام باستيراد السجلات مباشرة من مكعبات التحليل. يمكنك الآن اغلاق الشاشة.

استخدام البوربايفوت في اكسل لإنشاء تقارير بورفيو من مكعبات خدمات التحليل

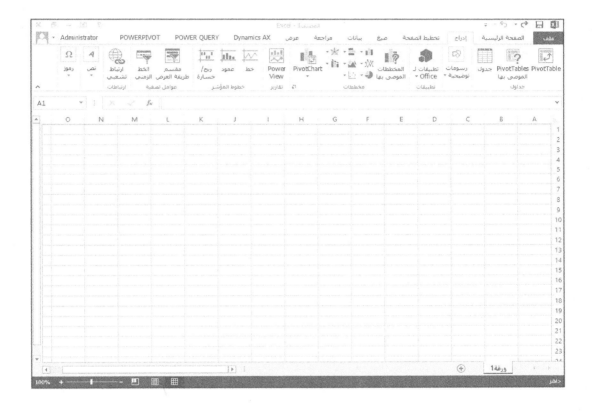

الآن قم بإنشاء بورفيو من خلال النقر على زر "PowerView" الموجود في تبويب "ادراج".

استخدام البوربايفوت في اكسل لإنشاء تقارير بورفيو من مكعبات خدمات التحليل

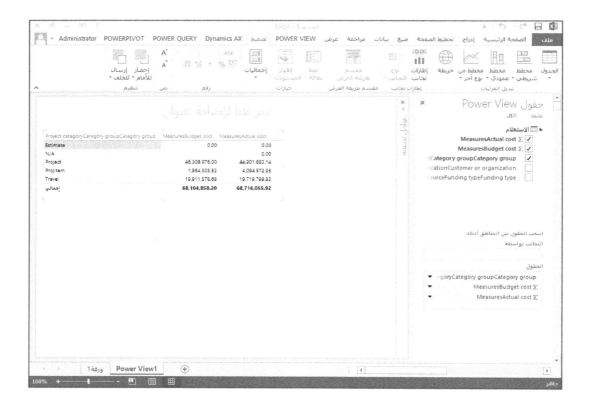

عند ظهور مصمم البورفيو تستطيع البدء بإضافة الاستعلامات.

استخدام البوربايفوت في اكسل لإنشاء تقارير بورفيو من مكعبات خدمات التحليل

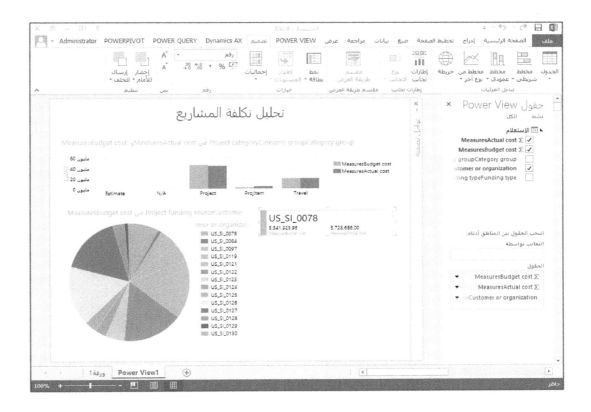

وبالمزيد من العمل سينتهي بك المطاف مع لوحة قيادة ذات منظر رائع.

تضمين تقارير البورفيو في مراكز الادوار

تعد البورفيو أداة رائعة لتصميم لوحات القيادة (Dashboards) وتحليل بيانات داينامكس AX بسبب قدرة الجميع على استخدامها حتى الذين لايملكون خبرة في الامور التقنية. عند القيام بتصميم لوحات القيادة لست مضطر لتخزينها في ملفاتك الشخصية بل يمكنك مشاركتها مع الاخرين من خلال تخزينها في مجلد تقارير البورفيو. كما يمكنك جعلها متوفرة للجميع من خلال تضمينها في مراكز الادوار (Role Center).

تضمين تقارير البورفيو في مراكز الادوار

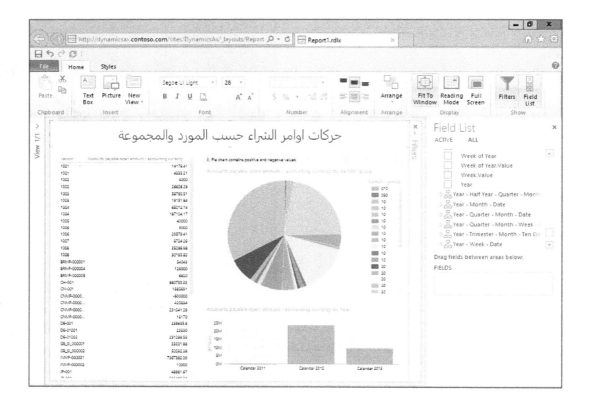

بداية قم بتصميم لوحة قيادة من خلال البورفيو.

في مراكز الادوار تضمين تقارير البورفيو

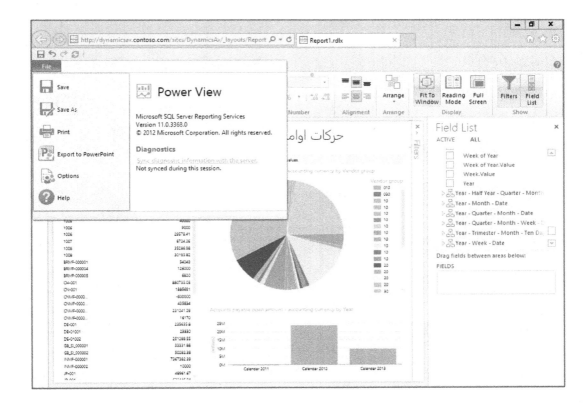

لمشاركة التقرير تحتاج لحفظه في جهاز الخادم (Server) . يمكنك فعل ذلك من خلال اختيار "Save as" الموجودة في قائمة "File".

تضمين تقارير البورفيو في مراكز الادوار

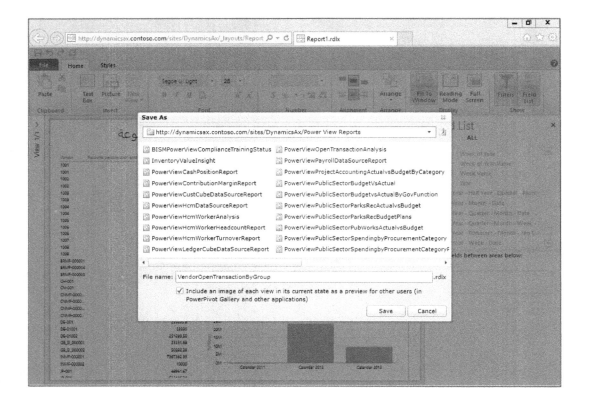

عند ظهور نافذة "Save as" قم بتسمية الملف ثم انقر على زر "Save".

تضمين تقارير البورفيو في مراكز الادوار

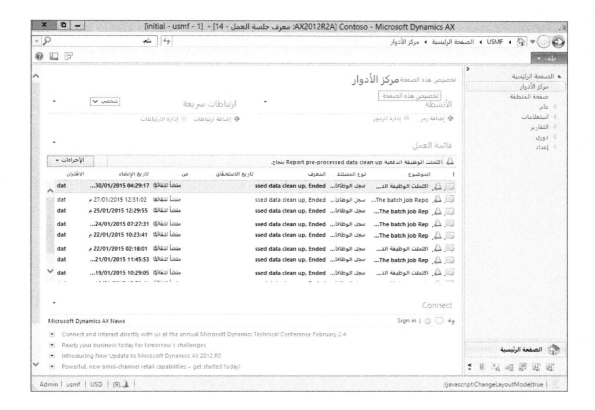

لإضافة تقرير البورفيو لمركز الادوار انقر على رابط "تخصيص هذه الصفحة" الموجود في اعلى يمين الشاشة.

تضمين تقارير البورفيو في مراكز الادوار

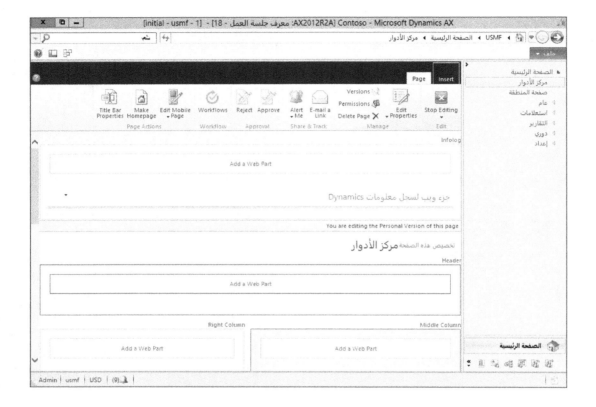

عند تحول مركز الدور الى وضعية التصميم قم بالنقر على رابط "Add a web part" في المنطقة التي تريد اظهار لوحة القيادة فيها.

تضمين تقارير البورفيو في مراكز الادوار

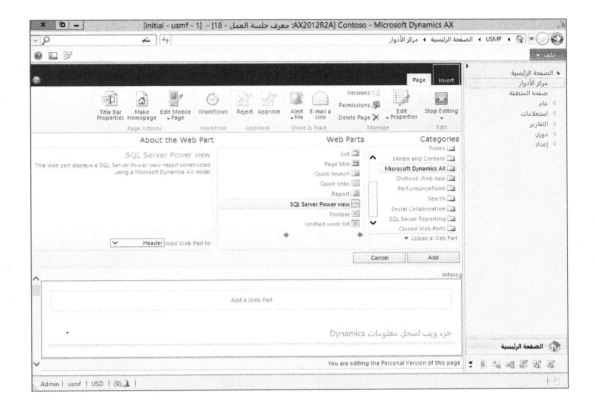

عند فتح مستكشف "Webparts" قم باختيار "Microsoft Dynamics AX" من قائمة "Categories" ثم "SQL server Powerview" من قائمة "Web parts" ثم انقر على زر "Add" لإضافته الى مركز الدور.

تضمين تقارير البورفيو في مراكز الادوار

عند تحديث مركز الدور ستلاحظة إضافة مساحة للـ "SQL Server PowerView" لكنها لا تزال غير مرتبطة بأي من لوحات القيادة للقيام بذلك قم بالنقر على السهم الصغير الموجود على يسار المساحة الجديدة ثم قم باختيار "Edit My Web Part".

تضمين تقارير البورفيو في مراكز الادوار

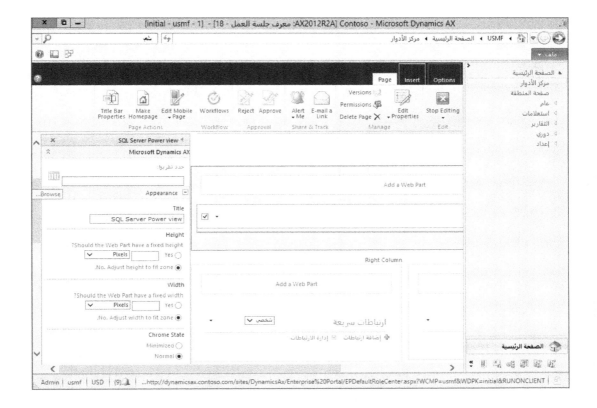

عند ظهور نافذة الخصائص قم بالنقر على أيقونة الجدول البرتقالي على اليسار.

تضمين تقارير البورفيو في مراكز الادوار

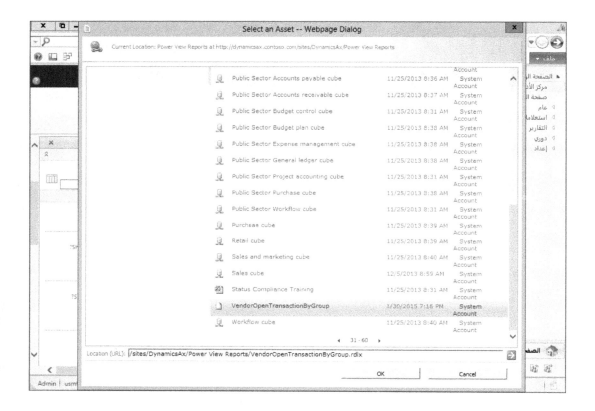

هذا سيتيح لك إمكانية تصفح قائمة الملفات بما في ذلك الملف الذي قمت بتخزينه. اختر الملف ثم انقر على زر
"OK".

تضمين تقارير البورفيو في مراكز الادوار

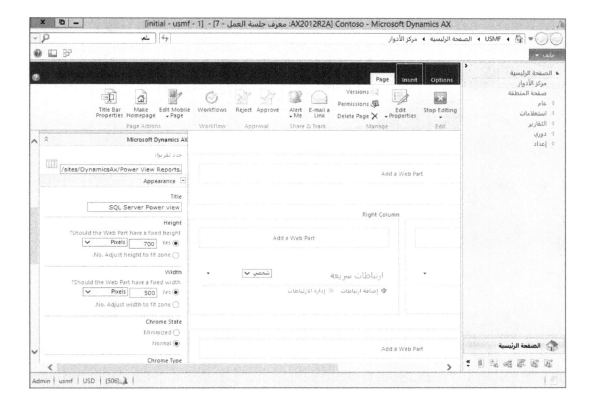

عند العودة الى نافذة الخصائص ستلاحظ أن حقل التقرير قد تم ملؤه برابط التقرير.

تضمين تقارير البورفيو في مراكز الادوار

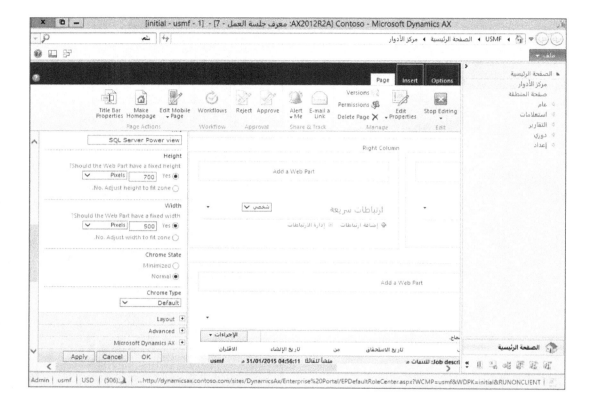

توجه لأسفل نافذة الخصائص ثم انقر على زر "موافق".

تضمين تقارير البورفيو في مراكز الادوار

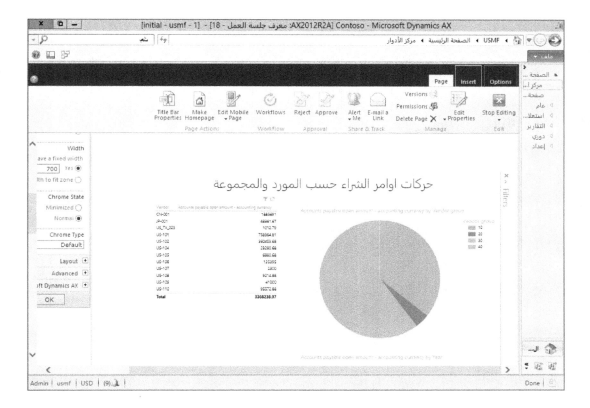

الآن عند عرض مركز الدور ستجد أن لوحة القيادة تم إضافتها في الصفحة.

للخروج من وضعية التصميم انقر على زر "Stop Editing" الموجود في شريط الازرار.

تضمين تقارير البورفيو في مراكز الادوار

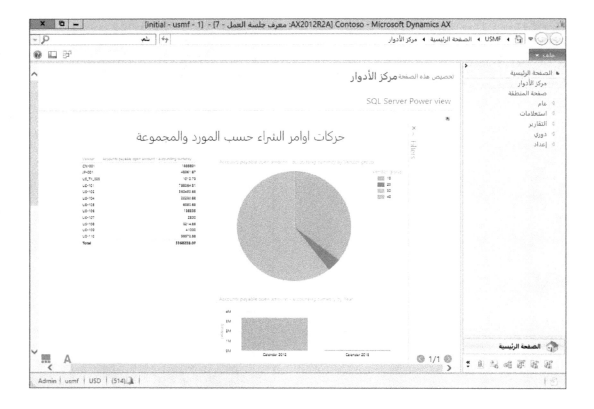

عند استعراضك لمركز الدور ستلاحظ ظهور لوحة القيادة الجديدة.

تصدير تقارير البورفيو الى البوربوينت لإنشاء عروض تفاعلية

تعد البورفيو واحدة من أروع الأدوات المستخدمة لإنشاء التقارير من داينامكس AX. تحتوي البوفيو على ميزة رائعة تسمح لك بتصدير تقاريرك الى البوربوينت (MS PowerPoint). كما تسمح لك برؤية هذه التقارير بشكل تفاعلي عندما يتم استعراض البوبوينت. تعتبر هذه طريقة رائعة لإنشاء قالب بوربوينت واحد يستخدم مرارا وتكرارا وفي كل مرة ستحصل على احدث البيانات.

من الآن فصاعدا لن تكون مضطرا لإنشاء مئة نسخة لنفس تقرير المبيعات عندما يكون الفرق الوحيد هو رقم حساب العميل.

تصدير تقارير البورفيو الى البوربوينت لإنشاء عروض تفاعلية

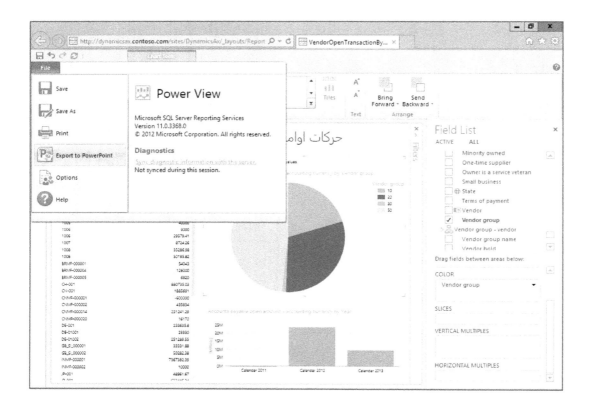

افتح تقرير البورفيو المراد تصديره ثم قم باختيار "Export to PowerPoint" من قائمة "File".

تصدير تقارير البورفيو الى البوربوينت لإنشاء عروض تفاعلية

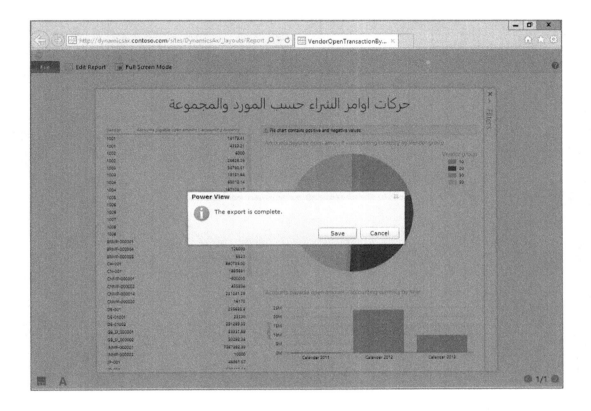

سيُظهر البورفيو إخطار مفاده أن عملية التصدير اكتملت. انقر على زر "Save".

تصدير تقارير البورفيو الى البوربوينت لإنشاء عروض تفاعلية

قم بتحديد اسم ومكان ملف البوربوينت المراد إنشائه ثم انقر على زر "Save".

تصدير تقارير البورفيو الى البوربوينت لإنشاء عروض تفاعلية

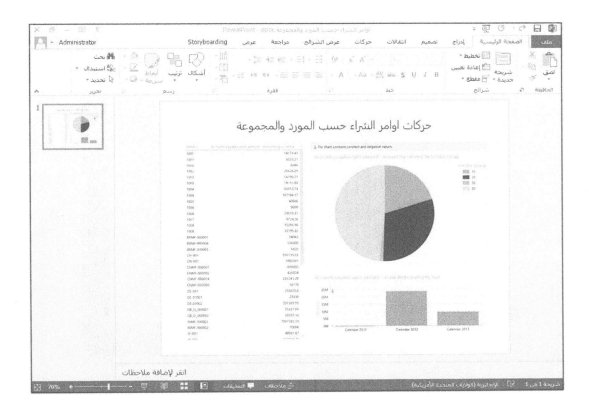

بعد الإنتهاء من إنشاء ملف البوربوينت ستكون قادراً على فتحه وستجد أن التقرير قد تم اضافته الى احد الشرائح.

تصدير تقارير البورفيو الى البوربوينت لإنشاء عروض تفاعلية

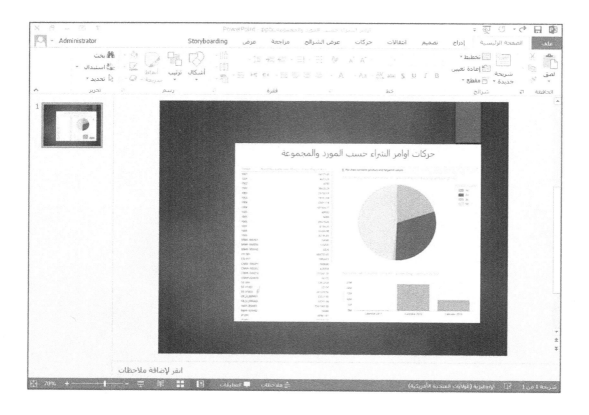

يمكنك الآن تعديل تصميم البوربوينت بما يتناسب مع احتياجاتك.

تصدير تقارير البورفيو الى البوربوينت لإنشاء عروض تفاعلية

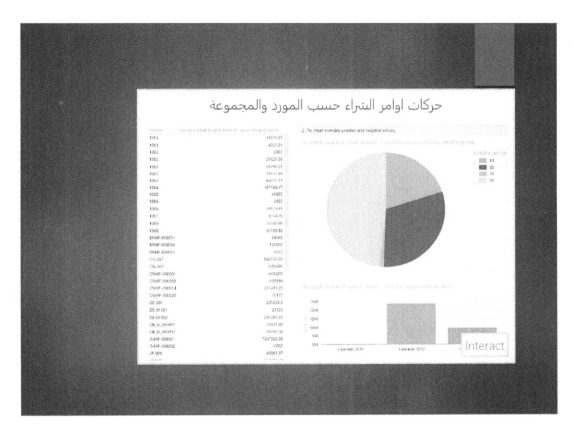

عند عرض الشرائح ستجد أن تقرير البورفيو سيكون في وضعية ثابتة. يمكنك تحويله الى تقرير تفاعلي بمجرد النقر على زر التفاعل (Interact) في الزاوية اليمنى أسفل الشريحة.

تصدير تقارير البورفيو الى البوربوينت لإنشاء عروض تفاعلية

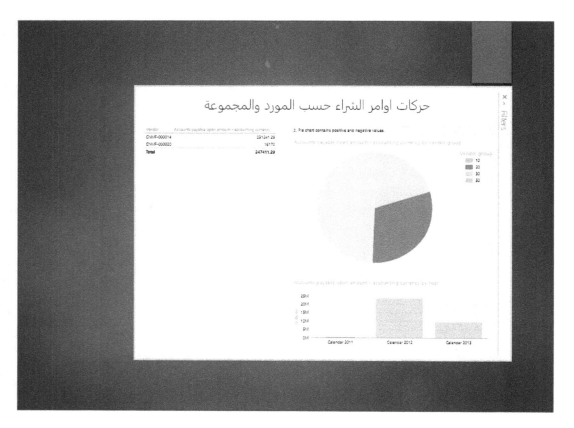

يمكنك الآن الغوص في تفاصيل التقرير من خلال البوبوينت كما كنت تفعل بالطريقة التقليدية بشرط أن يكون لديك صلاحيات لمشاهدة التقرير بشكل تفاعلي.

نشر مصادر البيانات والاستعلام عنها في اكسل

إذا كنت ترغب في نشر بيانات للمستخدمين بحيث يكونوا قادرين على إنشاء التقارير واجراء تحليل للبيانات فهناك طريقة بسيطة وأمنة في داينامكس AX. يمكنك تسجيل الاستعلامات (Queries) الخاصة بك في شاشة "مصادر البيانات المستندات" وستصبح متوفرة تلقائيا من خلال خدمة "OData" الموجودة في داينامكس AX. أضف الى ذلك أن جميع سياسات الأمان ستؤخذ بعين الاعتبار.

لا مزيد من عمليات الاتصال غير الامنة بقواعد البيانات او الاتصال من خلال "ODBC".

نشر مصادر البيانات والاستعلام عنها في اكسل

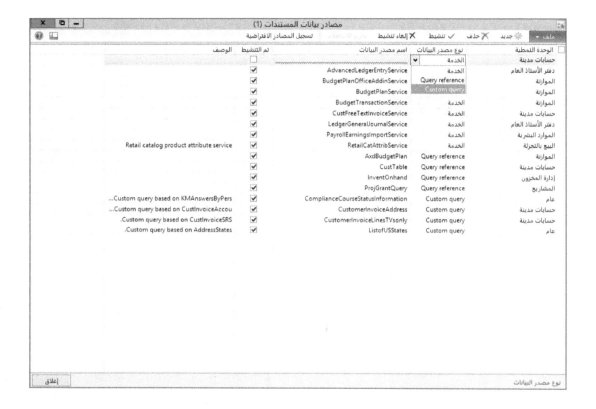

توجه الى وحدة إدارة المؤسسة ثم قسم "إعداد" ثم مجلد "إدارة المستندات" ثم شاشة "مصادر بيانات المستندات".

لإنشاء سجل جديد انقر على زر "جديد" في شريط الازرار.

ثم قم باختيار "Custom Query" من قائمة "نوع مصدر البيانات".

نشر مصادر البيانات والاستعلام عنها في اكسل

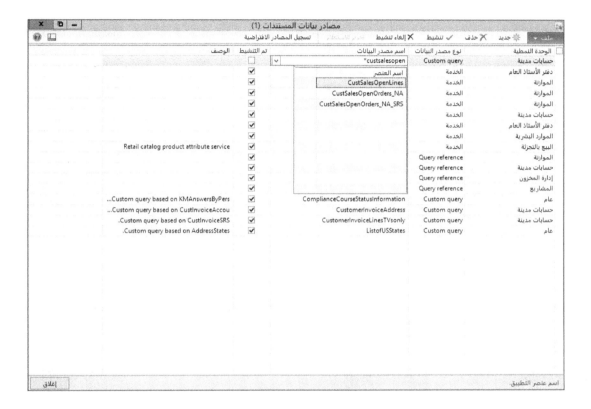

ومن قائمة "اسم مصدر البيانات" قم باختيار اسم الجدول او الاستعلام المراد نشره.

نشر مصادر البيانات والاستعلام عنها في اكسل

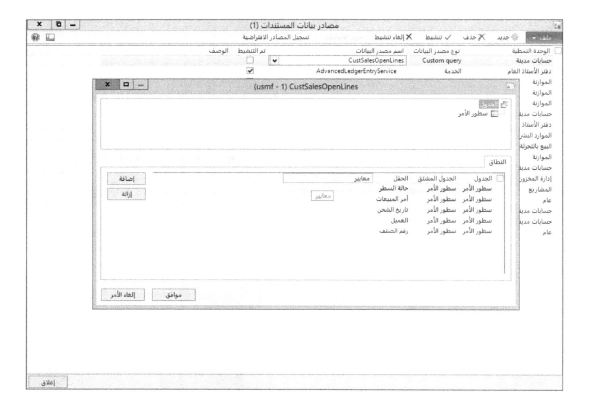

عند تحديد "Custom Query" كمصدر للبيانات يتيح لك النظام استخدام محرر الاستعلام بحيث نتمكن من تصفية النتائج التي سيتم ارجاعها الى المستخدم. كما يسمح لك النظام بإضافة عوامل تصفية.

عند الإنتهاء انقر على زر "موافق".

نشر مصادر البيانات والاستعلام عنها في اكسل

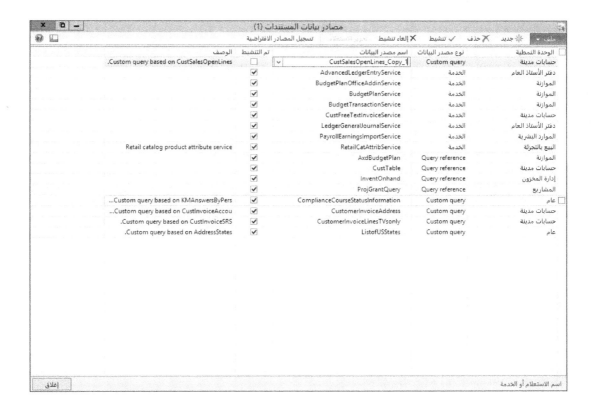

عند العودة إلى شاشة "مصادر بيانات المستندات" يمكنك اعادة تسمية "اسم مصدر البيانات" ليكون معبراً.

لإتاحة المصدر للمستخدمين انقر على مربع "تم التنشيط".

نشر مصادر البيانات والاستعلام عنها في اكسل

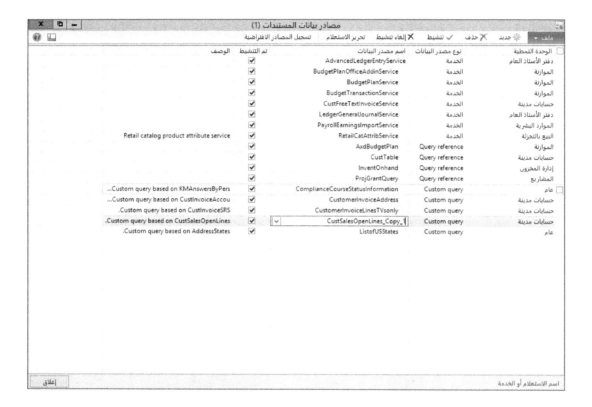

للخروج انقر على زر "إغلاق".

نشر مصادر البيانات والاستعلام عنها في اكسل

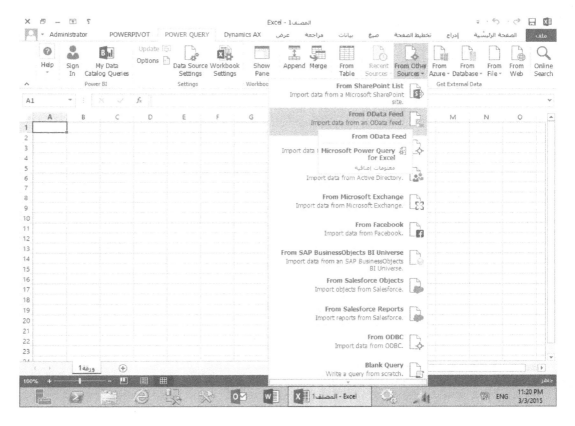

الطريقة الوحيدة للوصول الى إستعلامات الـ"Odata" من اكسل هي باستخدام "Power Query". للقيام بذلك قم باختيار "From Odata Feed" من قائمة "From other Source" الموجودة في شريط الازرار تحت تبويب "Powerquery".

نشر مصادر البيانات والاستعلام عنها في اكسل

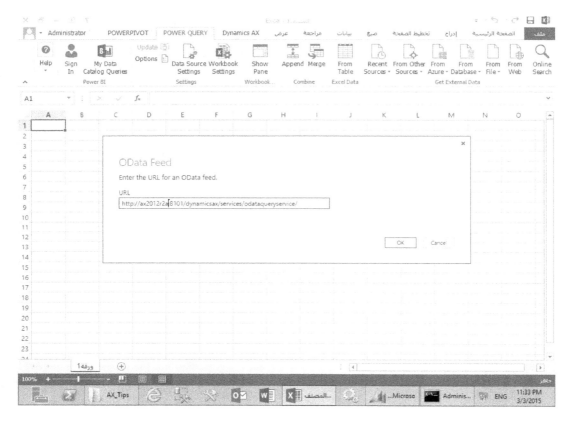

في نافذة "Odata Feed" قم بكتابة ربط خدمة الـ "Odata" في داينامكس AX. على الارجح سيكون مشابها لهذا:

http://servername:8101/dynamicsAX/services/odataqueryservice/

عند الإنتهاء انقر على زر "OK".

نشر مصادر البيانات والاستعلام عنها في اكسل

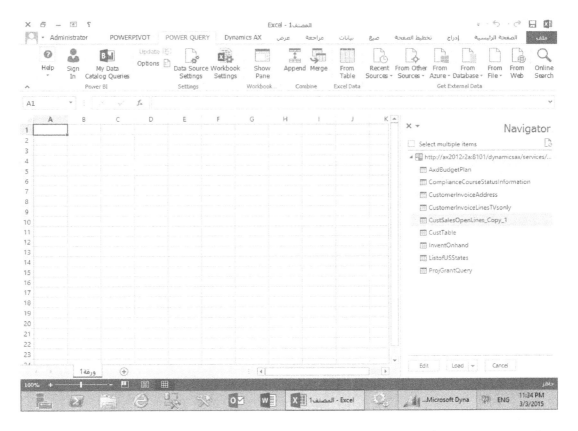

الآن سيتم عرض جميع الجداول والاستعلامات المتاحة والتي يمكنك الوصول اليها من خلال "Odata" في نافذة المستكشف. لاستخدامها كل ما عليك القيام به هو تحديد الاستعلام ثم النقر على زر "تحميل"

نشر مصادر البيانات والاستعلام عنها في اكسل

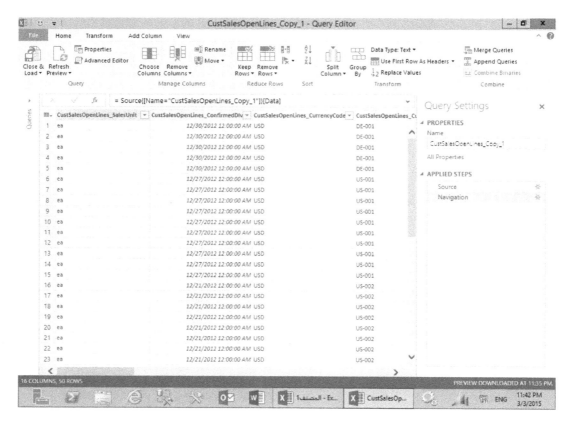

سيتم تحميل البيانات الى "Power query" . لاستخدامها في اكسل انقر على زر "Apply & Close".

نشر مصادر البيانات والاستعلام عنها في اكسل

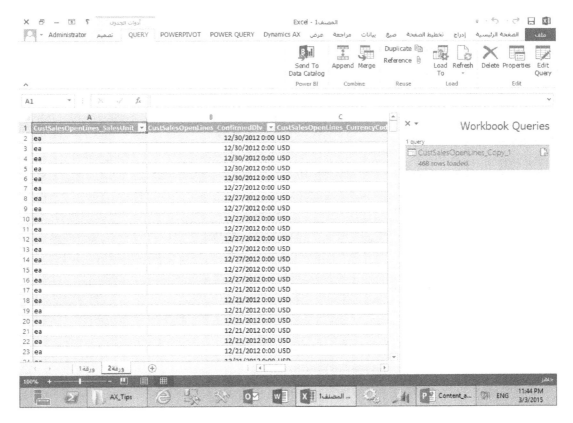

الآن ستكون بيانات داينامكس AX بين يديك.

تخزين الاستعلامات على اوفيس 365 بحيث تكون متاحة للجميع

الاستعلامات تشبه عملية التنقيب عن الذهب نظرا لأن الجميع يبحث عن منبع البيانات المخبأ في داينامكس AX وبمجرد العثور عليها يتم البدء في استخراجها وعند الإنتهاء منها تبدأ عملية التنقيب مرة اخرى.

الخريطة السرية لاستخراج هذه البيانات عادة ما تكون مخبأ في اجهزة احد المستخدمين ونادراً ما يتم مشاركتها مع الاخرين. لكن هذه الطرق قد تغيرت مع اوفيس 365 والبوركويري (PowerQuery) . نظرا لأنها تسمح لك بمشاركة الاستعلامات مع افراد المؤسسة حتى الذين لا يملكون خبرة في الامور التقنية.

تخزين الاستعلامات على اوفيس 365 بحيث تكون متاحة للجميع

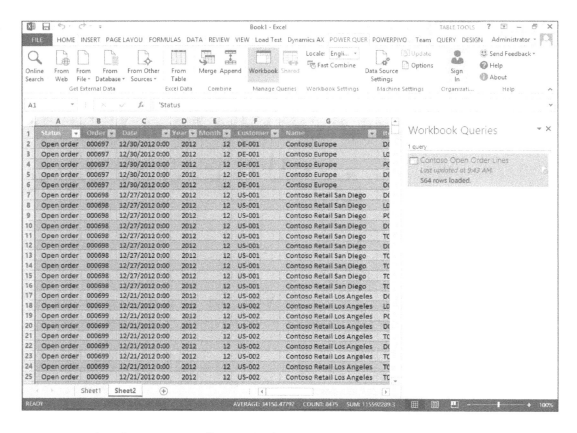

إن كنت لديك الرغبة في مشاركة الاستعلام الذي قمت بإنشائه باستخدام "PowerQuery". في البداية عليك التأكد من تسجيل الدخول لـ اوفيس 365.

في تبويب "PowerQuery" هناك أيقونة تسمح لك بتسجيل الدخول الى اوفيس 365. إذا كانت الأيقونة مكتوب عليها "Sign Out" فذالك يعني أنك متصل بالفعل. أما إذا كتب عليها "Sign In" فقم بالنقر عليها لتأسيس الاتصال.

تخزين الاستعلامات على اوفيس 365 بحيث تكون متاحة للجميع

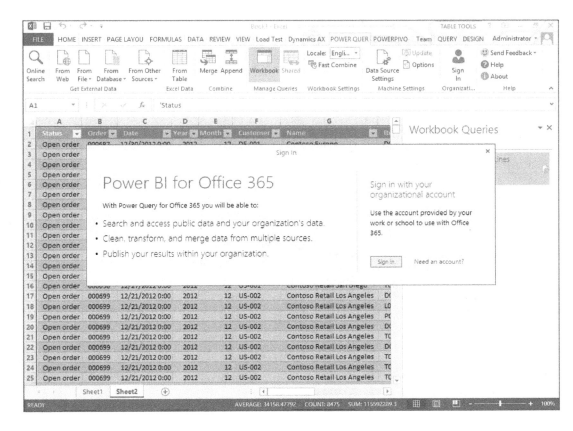

عند ظهور نافذة تسجيل الدخول اتبع الخطوات.

تخزين الاستعلامات على اوفيس 365 بحيث تكون متاحة للجميع

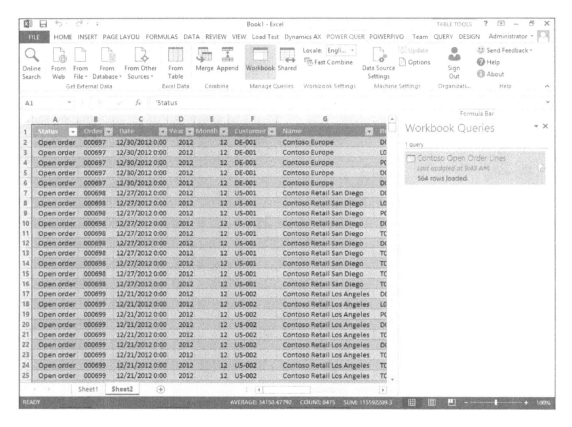

الآن سيكتب على أيقونة الاتصال "Sign Out" مما يدل أنك متصل.

تخزين الاستعلامات على اوفيس 365 بحيث تكون متاحة للجميع

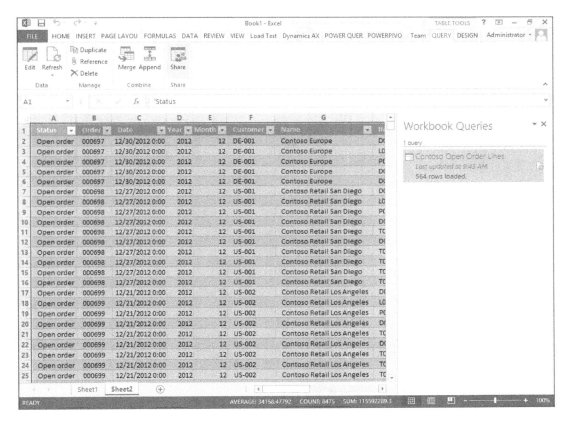

الآن قم بتحديد الاستعلام ثم انقر على زر "Share" الموجود في شريط الازرار.

تخزين الاستعلامات على اوفيس 365 بحيث تكون متاحة للجميع

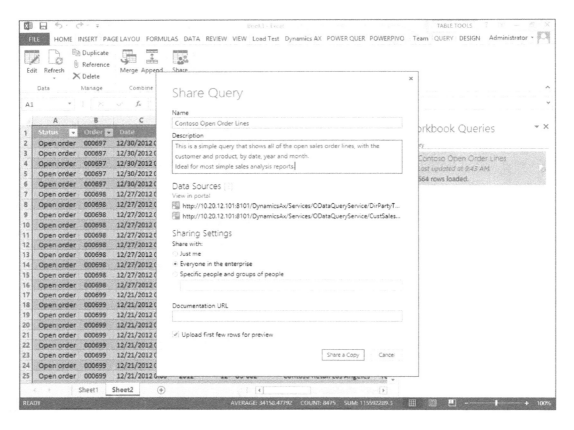

عند عرض نافذة "Share Query" سيكون بمقدورك تغير الاسم وإضافة شرح بسيط. الآن انقر على "Share copy" لنشر الاستعلام على اوفيس 365.

تخزين الاستعلامات على اوفيس 365 بحيث تكون متاحة للجميع

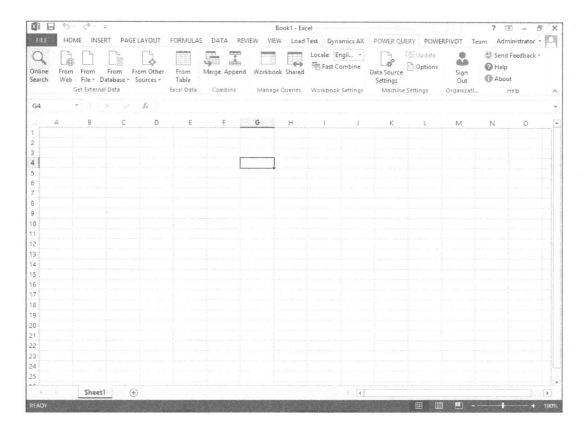

للوصول للاستعلام انقر على زر "Online Search" الموجود على شريط الازرار.

تخزين الاستعلامات على اوفيس 365 بحيث تكون متاحة للجميع

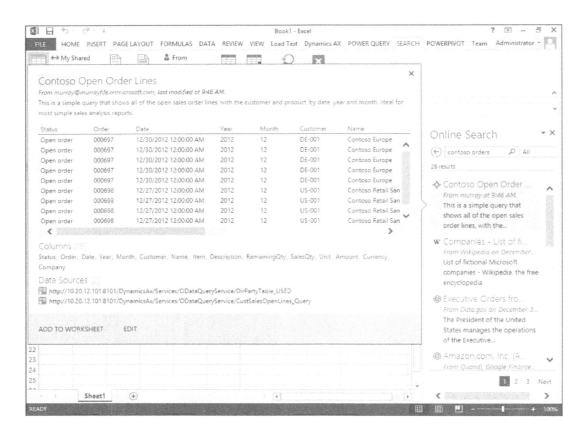

قم بكتابة كلمات البحث في حقل البحث وستتمكن من إيجاد الاستعلام الذي قمت بنشره كما ستتمكن من مشاهدة عينة من البيانات التي تم تخزينها مع الاستعلام. لاستخدام الاستعلام انقر على رابط " Add to Worksheet" الموجود اسفل الشاشة.

تخزين الاستعلامات على اوفيس 365 بحيث تكون متاحة للجميع

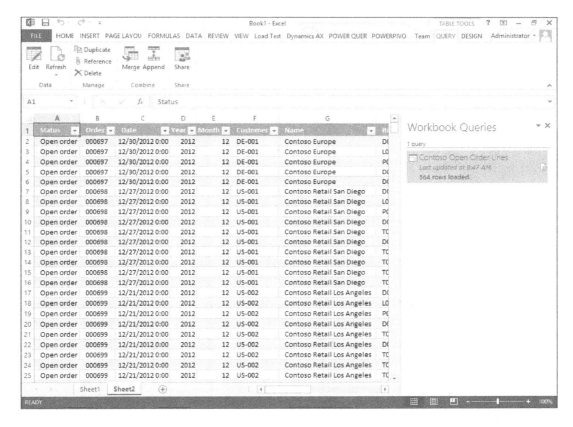

وسيتم إضافة الاستعلام الى ورقة العمل كما سيتم أيضا تحديث البيانات ضمن حدود صلاحياتك.

لم تعد بحاجة لتصميم الاستعلامات بلغة برمجية بعد اليوم.

نصائح في إدارة النظام

هناك الكثير من أدوات داينامكس AX صممت لتجعل إدارة النظام أسهل. لكن هذه الأدوات ليست مقتصرة على مدير النظام فقط فالجميع يستطيع الاستفادة منها. بعض هذه الميزات لا تقدر بثمن مثل التنبيهات و مسجل المهام وهي متوفرة للجميع.

في هذا الفصل سنظهر بعض الامثلة على كيفية استخدام هذه الأدوات الإدارية لتوفير الوقت وجعل حياتك أفضل.

مراقبة التغيرات على البيانات باستخدام التنبيهات

الجميع لديه بعض المعلومات التي يفضل أن لا يتلاعب به الاخرون لأن ذلك قد يتسبب في تعطيل روتين العمل لديه. فبدلا من المراقبة الدائمة للمعلومات او الإنتظار أن يقوم احدهم بإبلاغك بعد عدة ايام أن المعلومات قد تم تعديلها. يمكنك الآن تتبع أي تعديل من خلال إضافة التنبيهات الى الحقول بحيث يتم إخطارك عند حدوث أي تغير.

مراقبة التغيرات على البيانات باستخدام التنبيهات

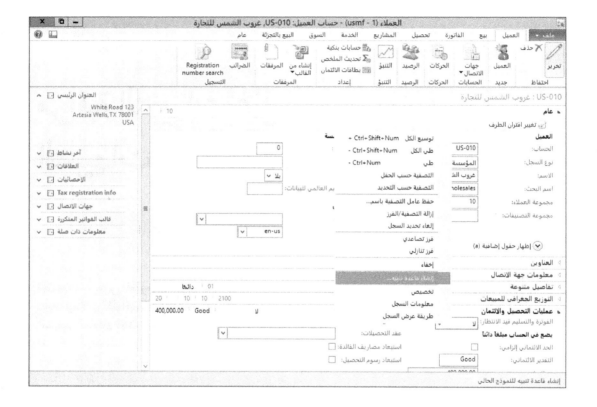

قم بتحديد الحقل المراد متابعته ثم انقر على زر الماوس الايمن ثم قم باختيار "إنشاء قاعدة تنبيه".

مراقبة التغيرات على البيانات باستخدام التنبيهات

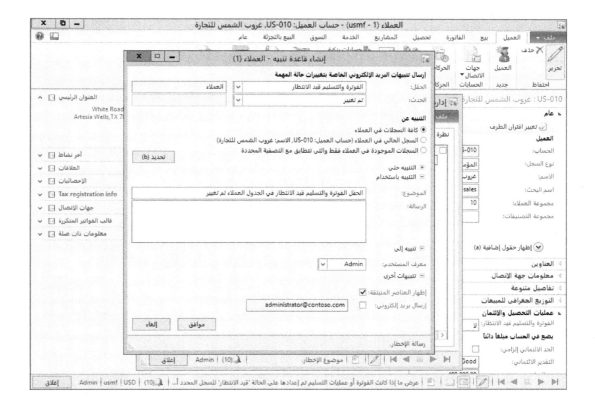

عند ظهور نافذة "إنشاء قاعدة التنبيه" يمكنك تعديل أي من الإعدادات الافتراضية للتنبيهات. بحيث تتمكن من تهيئة النظام لمتابعة كافة السجلات أو السجل الحالي فقط. وتستطيع أيضا إضافة نص رسالة التنبيه وتحديد مستلم التنبيه واذا ما كان التنبيه سيتم عبر البريد الالكتروني.

في معظم الحالات يمكنك الموافقة على الإعدادات الافتراضية والنقر على زر "موافق".

مراقبة التغيرات على البيانات باستخدام التنبيهات

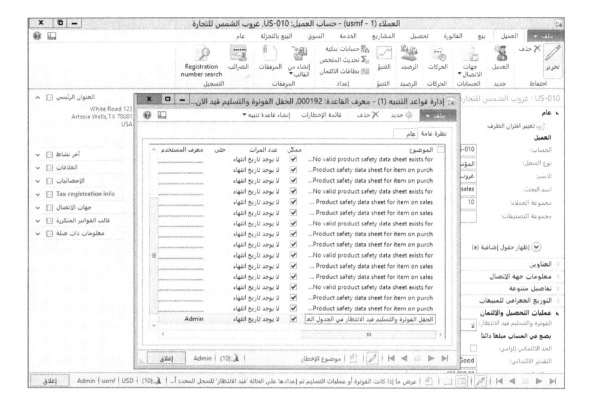

سيقوم داينامكس AX بعرض التنبيهات التي قمت بإعدادها. انقر على زر "اغلاق" للعودة الى شاشة الرئيسية

مراقبة التغيرات على البيانات باستخدام التنبيهات

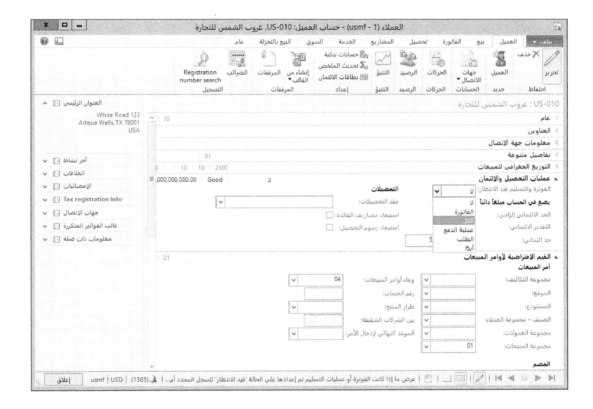

لمشاهدة التنبيه قم بتعديل قيمة الحقل المرتبط بالتنبيه.

مراقبة التغيرات على البيانات باستخدام التنبيهات

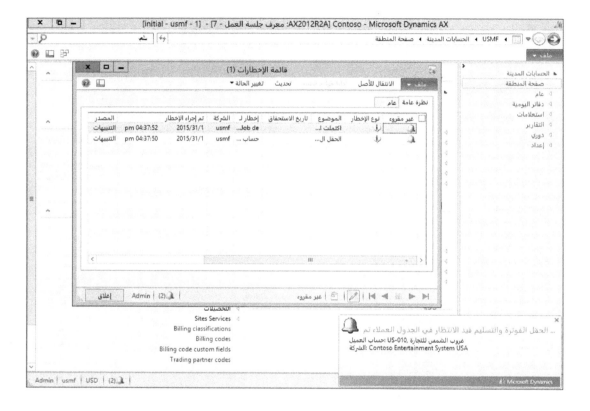

سوف تتلقى اخطارات من خلال قائمة الاخطارات وأيضاً من خلال النافذة المنبثقة التي تظهر في اسفل الشاشة.

مراقبة التغيرات على البيانات باستخدام التنبيهات

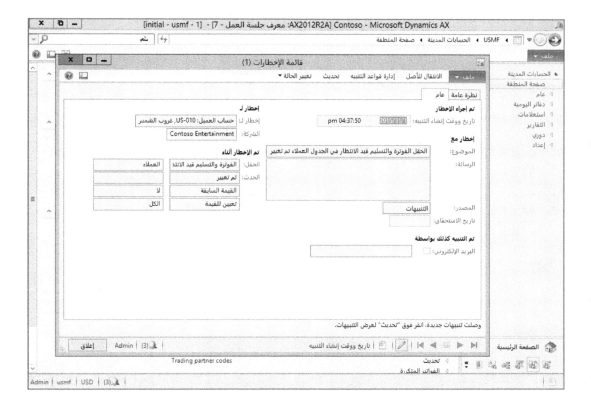

عند النقر على الاخطار ستظهر لك التغير الذي تم اجراؤه والوقت الذي تم اجراء التغير فيه.

مراقبة التغيرات على البيانات باستخدام التنبيهات

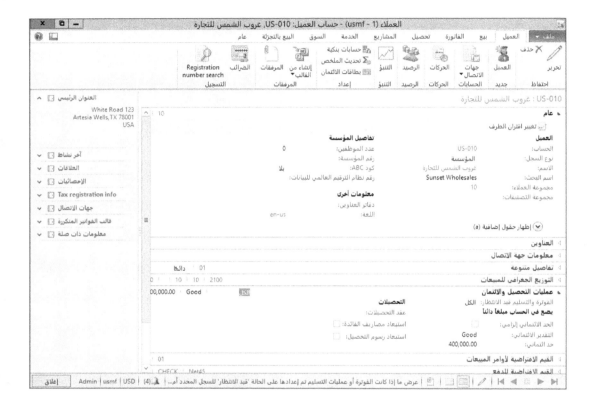

إذا قمت بالنقر على زر "الانتقال للأصل" في نافذة قائمة الاخطارات سيتم نقلك الى السجل الذي تم تغيره مباشرة.

استخدام مسجل المهام لإنشاء الوثائق والفيديوهات التدريبية

لطالما كانت أداة "مسجل المهام" أداة رائعة لإنشاء وثائق تدريب المستخدمين. لكن مع التحديث التراكمي السابع (CU7) لداينامكس AX تم الارتقاء بمسجل المهام الى مستوئ أعلى.

يتم الآن إنشاء الوثائق التدريبية بشكل اوتوماتيكي كما يتم أيضا إنشاء تسجيل فيديو عند استخدام مسجل المهام. وهذا يجعل من إنشاء الوثائق التدريبية والفيديوهات المرجعية أكثر سهولة.

استخدام مسجل المهام لإنشاء الوثائق والفيديوهات التدريبية

من قائمة "ملف" قم باختيار "أدوات" ثم "مسجل المهام".

استخدام مسجل المهام لإنشاء الوثائق والفيديوهات التدريبية

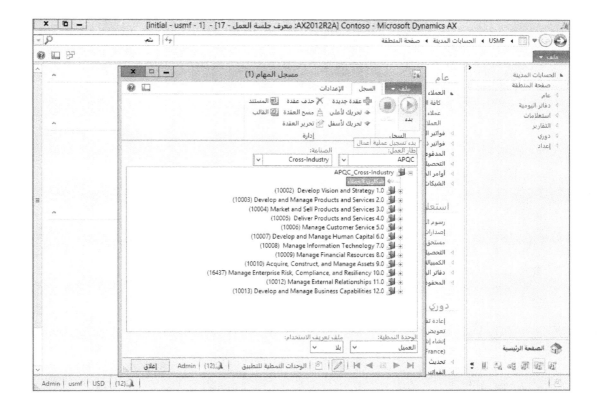

عند فتح شاشة مسجل المهام قم بتحديد عقدة من التسلسل الهرمي لاطار العمل المراد تسجيل المواد التدريبية له. ثم انقر على زر "بدء".

استخدام مسجل المهام لإنشاء الوثائق والفيديوهات التدريبية

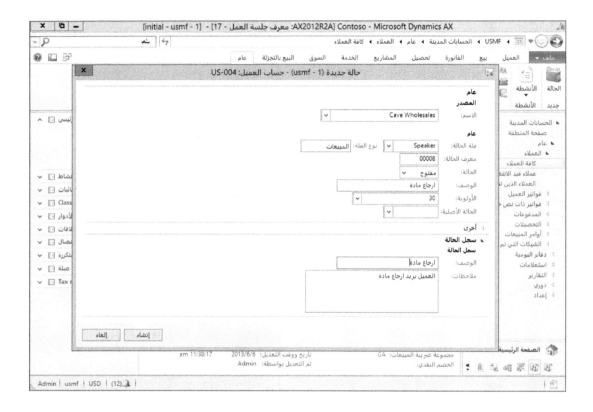

قم يتنفيذ المهمة.

استخدام مسجل المهام لإنشاء الوثائق والفيديوهات التدريبية

عند الإنتهاء من تسجيل المهمة والعودة الى مسجل المهام انقر على زر "إيقاف".

استخدام مسجل المهام لإنشاء الوثائق والفيديوهات التدريبية

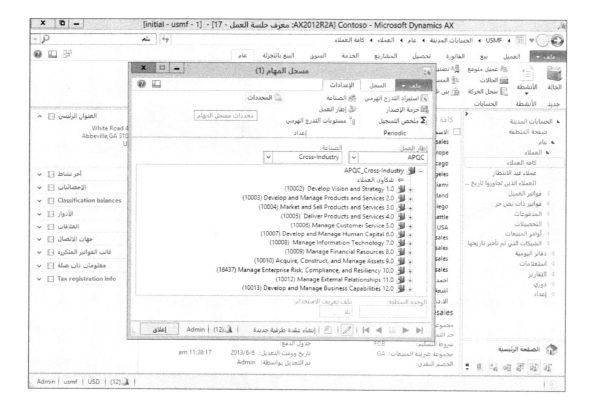

لإيجاد المكان الذي تم تخزين كافة الوثائق فيه انقر على زر "المحددات" الموجود في تبويب "الإعدادات".

استخدام مسجل المهام لإنشاء الوثائق والفيديوهات التدريبية

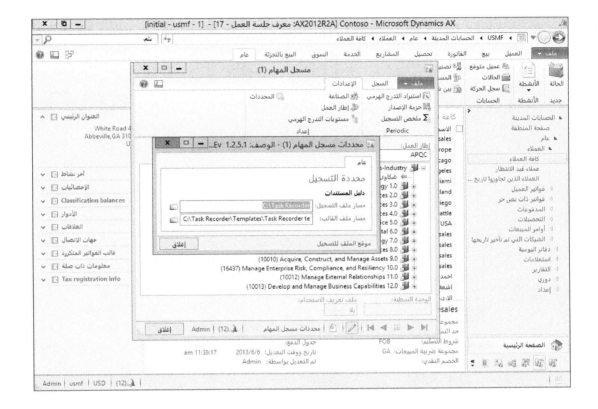

قم بنسخ المسار المكتوب في حقل "مسار ملف التسجيل".

استخدام مسجل المهام لإنشاء الوثائق والفيديوهات التدريبية

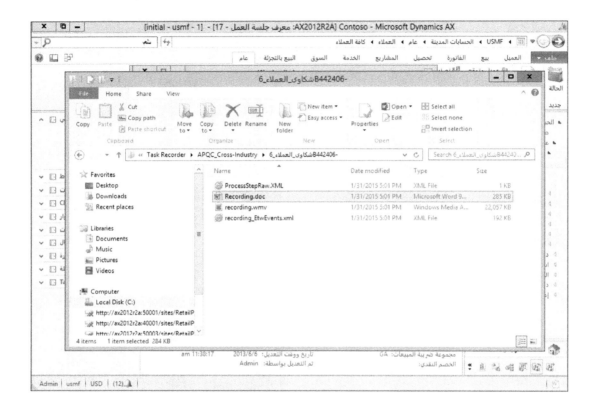

استخدم المتصفح للوصول الى "مسار الملف" ستلاحظ وجود مجلد لكل مهمة قمت بتسجيلها.

استخدام مسجل المهام لإنشاء الوثائق والفيديوهات التدريبية

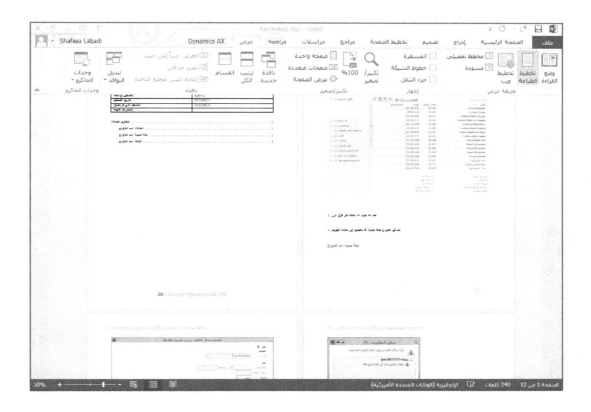

عند النقر على الملف صاحب الامتداد "doc." سترى النسخة المكتوبة من المهمة.

استخدام مسجل المهام لإنشاء الوثائق والفيديوهات التدريبية

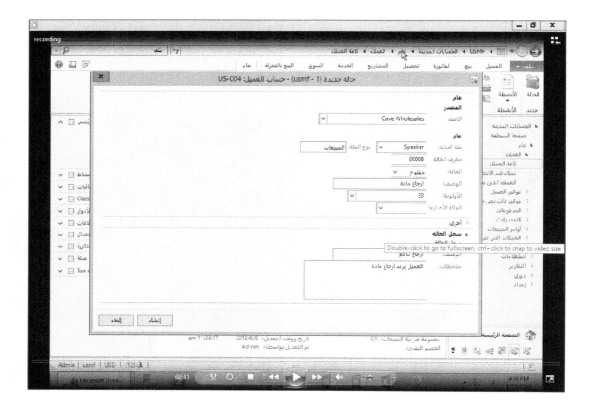

أما عند النقر على الملف صاحب الامتداد "wmv." سترى النسخة المصورة من المهمة.

استخدام القوالب الشخصية عند إنشاء الوثائق من مسجل المهام

مسجل المهام رائع نظرا لأنه ينشئ لك وثائق تدريبية للمستخدم. المشكلة الوحيدة أن شكل الوثائق المنشاء ليس لطيفاً بما يكفي. لا تقلق فعلى الرغم من ذلك لا زلت تملك القدرة على تغير القالب الافتراضي الذي يتم استخدامه عند إنشاء الوثائق دون الحاجة لإعادة تسجيل المهام المسجلة في وقت سابق.

استخدام القوالب الشخصية عند إنشاء الوثائق من مسجل المهام

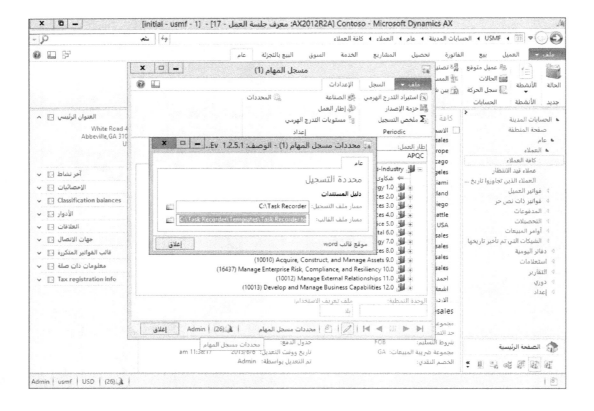

بداية علينا إيجاد موقع تخزين القوالب التي يتم استخدامها في مسجل المهام عند إنشاء المستندات. للقيام بذلك انقر على زر "المحددات" الموجود في تبويب "الإعدادات". ستجد موقع الملف مكتوب في حقل "مسار ملف القالب".

استخدام القوالب الشخصية عند إنشاء الوثائق من مسجل المهام

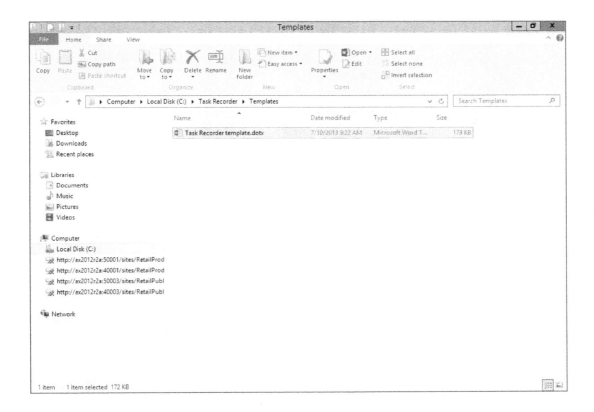

استخدم المتصفح للوصول الى موقع القالب ثم قم بفتح الملف " Task Recorder Template".

استخدام القوالب الشخصية عند إنشاء الوثائق من مسجل المهام

سيتم فتح القالب الافتراضي الذي يستخدمه مسجل المهام عند إنشاء نصوص التسجيل.

استخدام القوالب الشخصية عند إنشاء الوثائق من مسجل المهام

يمكنك الآن إعادة تهيئة القالب وتغير العناوين..

استخدام القوالب الشخصية عند إنشاء الوثائق من مسجل المهام

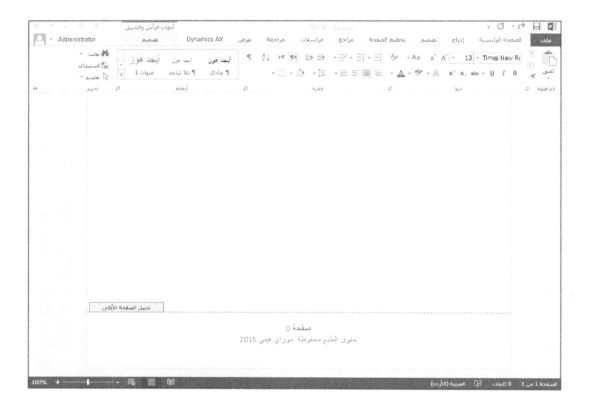

إذا كنت ترغب في إضافة بعض المعلومات الى الهوامش فيمكنك أن تفعل ذلك أيضا.

استخدام القوالب الشخصية عند إنشاء الوثائق من مسجل المهام

ويمكنك أيضا إضافة صفحات اضافية للقالب حيث ستصبح هذه الصفحات جزء من القالب وسيتم تضمينها عند إنشاء الوثائق. وتعد هذه وسيلة رائعة لإضافة الملاحظات او الروابط التي يجب تكرارها في كل وثيقة.

عند الإنتهاء قم بحفظ القالب.

استخدام القوالب الشخصية عند إنشاء الوثائق من مسجل المهام

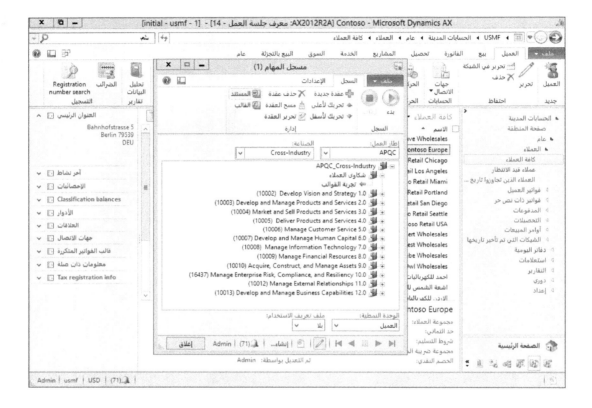

تستطيع معاينة القالب من خلال فتح مسجل المهام وإيجاد العملية التي قمت بتسجيلها سابقا ومن ثم النقر على زر "المستند" الموجود في شريط الازرار.

استخدام القوالب الشخصية عند إنشاء الوثائق من مسجل المهام

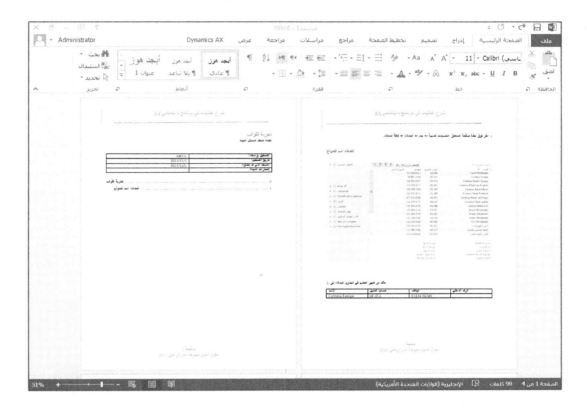

الوثيقة التي تم أنشائها ستستخدم القالب الافتراضي الجديد مما يوفر عليك الكثير من الوقت في اعادة تهيئة المستندات.

وثائق المتطلبات والقوانين في بوابة التوافق الالكترونية

يحتوي داينامكس AX على ميزة تدعى بوابة التوافق. تم تصميم هذه البوابة لمساعدتك في إدارة وتتبع جميع الاجراءات ، السياسات، المخاطر ووثائق الامتثال من خلال موقع مشترك وأمن. كما تسمح لك أيضا بتوثيق هذه المعلومات وتتبع موافقات سير العمل و إرفاق الوثائق المعززة كمرجع للمدقيقين.

صحيح أن توثيق عمليات التوافق تستغرق وقتا طويلاً لكن هذا لايعني أن تكون غيرمنظمة.

وثائق المتطلبات والقوانين في بوابة التوافق الالكترونية

للبدء في تتبع وثائق التوافق افتح بوابة الامتثال ثم انقر على "عناصر التحكم الداخلية" الموجودة ضمن قائمة
"عناصر التحكم الداخلية".

وثائق المتطلبات والقوانين في بوابة التوافق الالكترونية

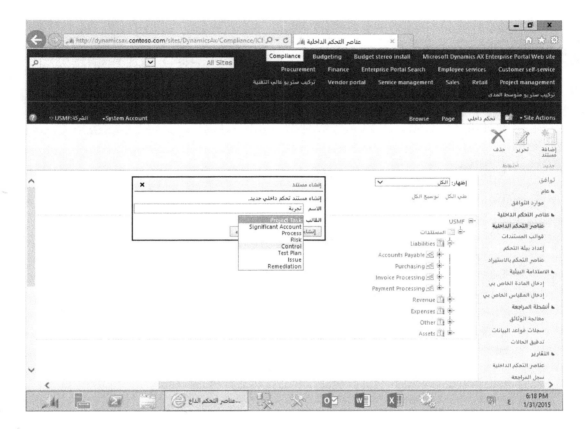

لإنشاء مستنند جديد قم بالنقر على زر "إضافة مستند" الموجود في شريط الازرار.

في نافذة "إنشاء مستند" قم بتسمية المستند واختيار القالب الذي سيتم استخدامه لإدارة عملية الموافقة.

وثائق المتطلبات والقوانين في بوابة التوافق الالكترونية

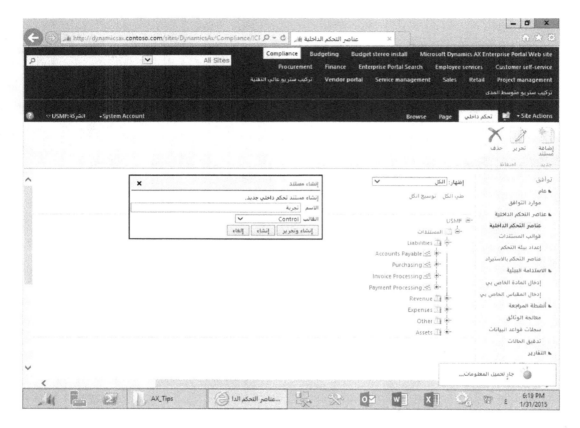

عند الإنتهاء انقر على زر "إنشاء وتحرير" لإنشاء مدخلات وثيقة الامتثال.

وثائق المتطلبات والقوانين في بوابة التوافق الالكترونية

سينتقل بك النظام الى تفاصيل الوثيقة حيث يمكنك إضافة المزيد من بيانات التحكم في الوثيقة.

وثائق المتطلبات والقوانين في بوابة التوافق الالكترونية

إذا كنت ترغب في إرفاق وثائق معززة يمكنك ذلك من خلال النقر على رابط "إضافة دليل عبر عنوان URL" في أسفل الصفحة.

وثائق المتطلبات والقوانين في بوابة التوافق الالكترونية

هذا الخيار سيسمح لك بربط صفحة ويب خارجية مع هذه الوثيقة. عند الإنتهاء انقر على زر "حفظ" للخروج من الشاشة.

وثائق المتطلبات والقوانين في بوابة التوافق الالكترونية

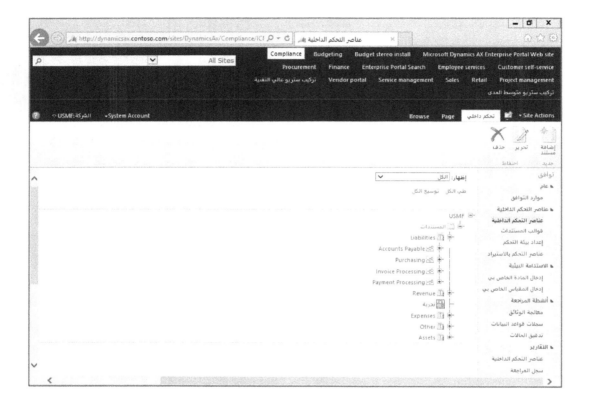

الآن ستتمكن من تسجيل مدخلات لإجراءات الامتثال ،المخاطر، او القضايا.

استخدام تسجيلات المهام للاستدلال على التحكم الداخلي في بوابة التوافق الالكترونية

يعد مسجل المهام من الوسائل الرائعة لإنشاء مستندات الدعم لعمليات التوافق لأنه يزيح عن عاتقك العمل الشاق الناتج عن إنشاء هذه الوثائق يدويا. لكن يمكنك جعل الامر أكثر فائدة عن طريق ربط هذه المستندات مع عمليات التوافق في بوابة التوافق حيث تمثل هذه المستندات دليل على إجرائك لجميع الاختبارات المطلوبة.

في المرة القادمة التي يزورك فيها المدقق ويطلب منك مزيد من التفاصيل اطلب منه أن يشاهد الفيديو الذي قمت بتسجيله باستخدام مسجل المهام.

استخدام تسجيلات المهام للاستدلال على التحكم الداخلي في بوابة التوافق الالكترونية

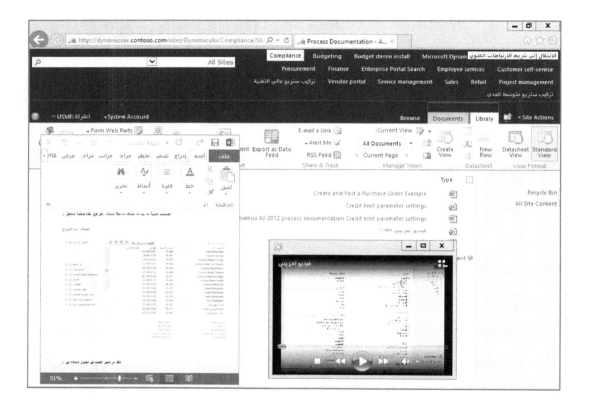

قبل أن تبدأ قم بنسخ تسجيلات المهام الى مكتبة توثيق العمليات داخل بوابة التوافق.

استخدام تسجيلات المهام للاستدلال على التحكم الداخلي في بوابة التوافق الالكترونية

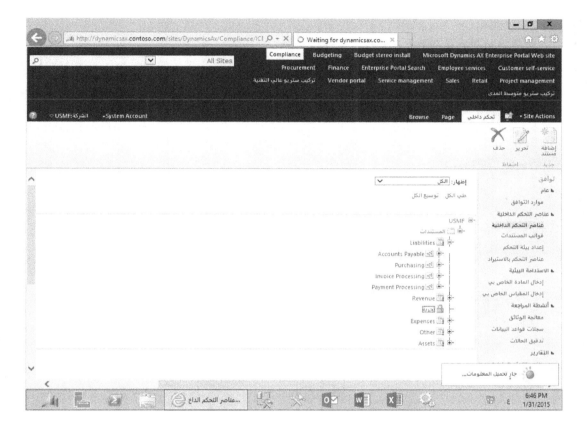

قم باختيار "عناصر التحكم الداخلية" من القائمة.

من التسلسل الهرمي قم بتحديد العقدة المراد ربط التسجيلات بها ثم قم بالنقر على زر "تحرير" الموجود في شريط الأزرار.

استخدام تسجيلات المهام للاستدلال على التحكم الداخلي في بوابة التوافق الالكترونية

عند عرض المستند قم بالنقر على رابط "إضافة دليل من وثائق العملية" الموجود في اسفل الصفحة.

استخدام تسجيلات المهام للاستدلال على التحكم الداخلي في بوابة التوافق الالكترونية

سيتم عرض قائمة تحتوي على كل الوثائق المخزنة في مكتبة الوثائق قم باختيار وثائق تسجيلات المهام المراد ربطها مع وثيقة التحكم ثم انقر على زر "إضافة".

استخدام تسجيلات المهام للاستدلال على التحكم الداخلي في بوابة التوافق الالكترونية

يمكنك تكرار هذه العملية لإضافة أي عدد من تسجيلات المهام.

وفر الوقت بتخزين تسجيلات المهام في مكتبة عمليات التوافق

إذا كنت تستخدم مسجل المهام لتوثيق السياسات والإجراءات ثم تقوم بارفاقها مع عناصر التحكم الداخلي في بوابة التوافق الالكتروني فربما تكون لديك رغبة لتهيئة مسجل المهام ليقوم بحفظ تسجيلات المهام في المكتبة بشكل اوتوماتيكي ودون الحاجة لنسخها يدويا.

وفر الوقت بتخزين تسجيلات المهام في مكتبة عمليات التوافق

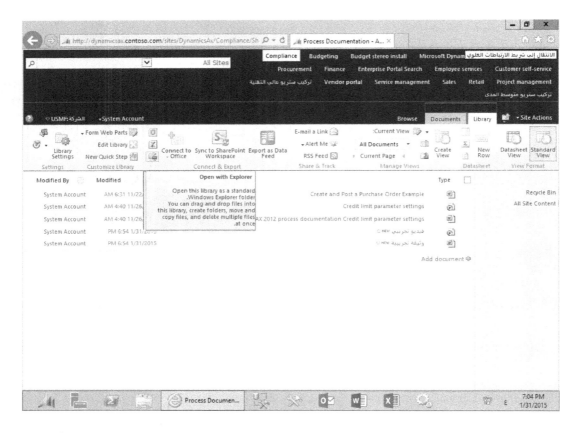

قم بفتح قائمة وثائق "Process Documentation" الموجودة في بوابة التوافق الالكترونية ثم انقر على أيقونة "Open With Explorer" الموجودة في شريط الازرار.

وفر الوقت بتخزين تسجيلات المهام في مكتبة عمليات التوافق

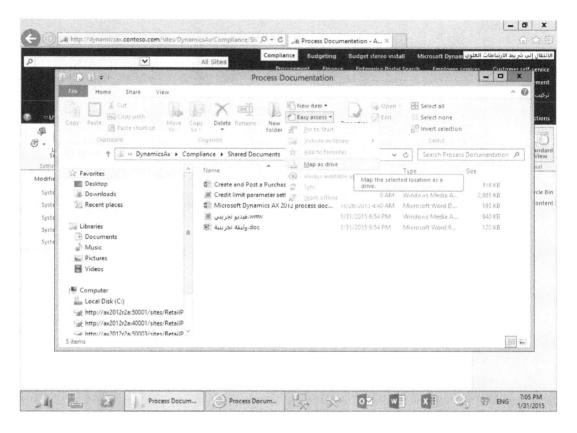

عند فتح مجلد المكتبة في المتصفح انقر على زر "Easy Access Menu" ثم قم باختيار "Map to Drive".

وفر الوقت بتخزين تسجيلات المهام في مكتبة عمليات التوافق

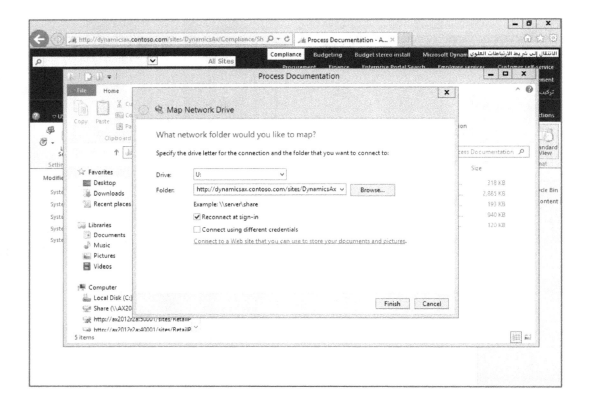

في نافذة "Map Network Drive" قم باختيار احد الحروف (محرك اقراص وهمي) غير المستخدمة من قائمة "Drive" ثم قم بتحديد مسار مجلد المكتبة ثم انقر على زر "Finish".

وفر الوقت بتخزين تسجيلات المهام في مكتبة عمليات التوافق

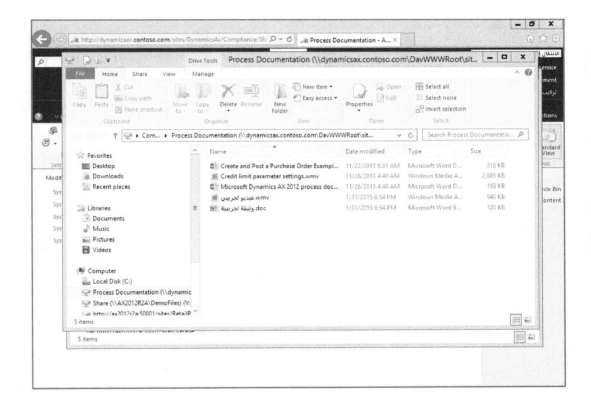

سيتم فتح المجلد الذي يحتوي على وثائق المكتبة مرة اخرى لكن هذه المرة من خلال محرك الاقراص الوهمي الذي قمت بتعيينه.

وفر الوقت بتخزين تسجيلات المهام في مكتبة عمليات التوافق

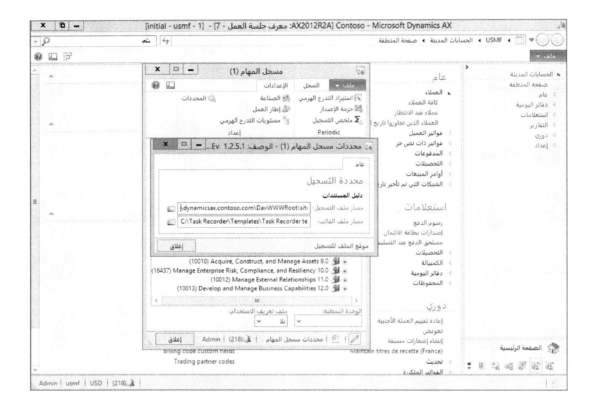

الآن أفتح مسجل المهام وانقر على زر "المحددات" في تبويب "الإعدادات" عندما يتم عرض نافذة "محددات مسجل المهام" قم بتغير "مسار ملف التسجيل" ليشير الى محرك الاقراص الوهمي3 الذي قمت بتعيينه.

وفر الوقت بتخزين تسجيلات المهام في مكتبة عمليات التوافق

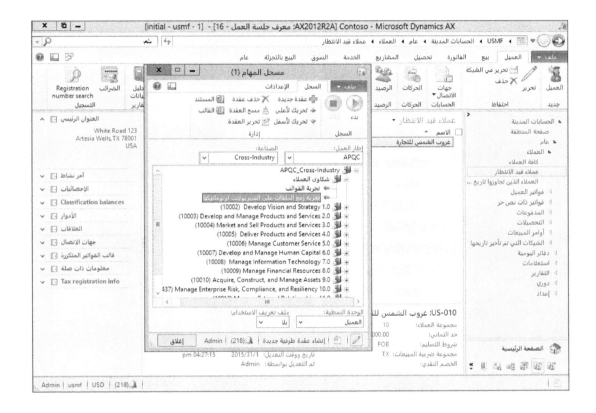

الآن قم بتسجيل مهمة جديدة.

وفر الوقت بتخزين تسجيلات المهام في مكتبة عمليات التوافق

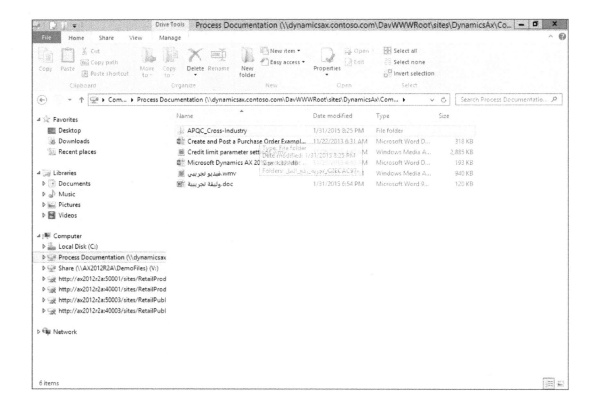

تحقق من محرك الاقراص الوهمي ستجد أن النظام قام بتخزين التسجيل هناك.

وفر الوقت بتخزين تسجيلات المهام في مكتبة عمليات التوافق

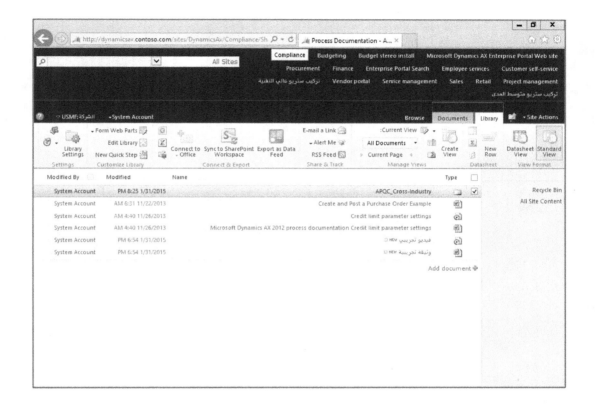

قم بفتح مكتبة الوثائق الموجودة في بوابة التوافق ستجد أن ملفات تسجيل المهام موجودة ومتوفرة كمرجع.

الخلاصة

يحتوي داينامكس AX على الكثير من من النصائح و الخدع التي لا نستطيع إحصائها . لكن هذه التي قمنا بعرضها في هذا الكتاب تعتبر بداية جيدة.

هل تريد المزيد من النصائح والخدع لداينامكس AX؟

 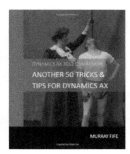 

سلسلة النصائح والخدع هي عبارة عن تجميع لكل الاشياء الرائعة التي وجدتها والتي يمكنك استخدامها في
داينامكس AX، تعد هذه النصائح والخدع حجر الاساس لكل المقالات التي قدمتها لمجتمع مستخدمين
داينامكس AX (AXUG) او التي قدمتها عبر الإنترنت. للاسف لا استطيع جمع أكثر من خمسين نصيحة وخدعة
في الكتاب الواحد نظرا للقيود المفروضة على حجم الكتاب، لكنني ساقوم بتأليف جزء جديد في كل مرة أجمع فيها
خمسين نصيحة.

للحصول على كل التفاصيل الخاص بهذه السلسة، أنظر الرابط ادناه :
http://dynamicsAXcompanions.com/tipsandtricks

هل تحتاج المزيد من المساعدة مع داينامكس AX؟

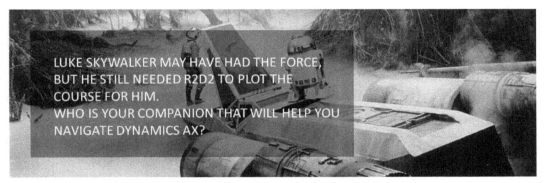

LUKE SKYWALKER MAY HAVE HAD THE FORCE,
BUT HE STILL NEEDED R2D2 TO PLOT THE
COURSE FOR HIM.
WHO IS YOUR COMPANION THAT WILL HELP YOU
NAVIGATE DYNAMICS AX?

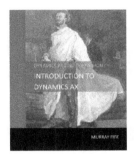

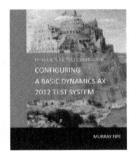

DYNAMICS AX

Dynamics AX 2012

بعد أن قمت بعديد من الجولات في شرح كيفية إعداد ميزات مختلفة في داينامكس AX والتي قمت نشرها على موقع SlideShare، وصلتني الكثير من الطلبات للحصول على الوثائق الاصلية بحيث يتمكن الناس من الحصول على رؤية أفضل لصور الشاشات وسهولة مراجعتها أثناء العمل على النظام الخاص بهم. ولتسهيل عملية الوصول أقوم حاليا بنقل هذا المحتوى الى موقع "رفقاء داينامكس AX" الالكتروني. إذا كنت تبحث عن تفاصيل حول كيفية إعداد وتهيئة داينامكس AX ، سيكون هذا الموقع مكان مناسب للانطلاق.

تجد ادناه رابط الموقع الالكتروني:

http://dynamicsAXcompanions.com/

عن موراي فايف

مؤلف – انا لست دان براون لكنَ كتبي تحتوي على الكثير من الاسرار التي تساعد في فك الغاز داينامكس AX.

أمين مكتبة – أجمع كل ما استطيع من المعلومات عن داينامكس AX وأضعها في أرشيف موقع رفقاء داينامكس AX.

بائع متجول– سأبقى أمتدح و أُمجد فضائل داينامكس AX لاقُنِع الجماهير أن داينامكس AX هو أفضل نظام لتخطيط موارد المؤسسات في العالم.

من الاشخاص الاكثر قيمة (MVP) لدى مايكروسوفت – هذه منزلة رفيعة، ففي الولايات المتحدة أقل من عشرة اشخاص يصنفون من الاشخاص الاكثر قمية لداينامكس AX ، وفي العالم هناك أقل من ثلاثين شخصاً.

مبرمج – انا اعرف ما يكفي للتلاعب بالاكواد البرمجية وعلى الرغم من ذلك فأنني أترك الاشياء الصعبة لأصحاب الخبرة لاعفيك من أسلوبي.

الموقع الالكتروني:	www.murrayfife.me
البريد الالكتروني:	murray@dynamicsAXcompanions.com
تويتر:	@murrayfife
سكايب:	murrayfife
امازون	www.amazon.com/author/murrayfife
الموقع الالكتروني:	www.dynamicsAXcompanions.com

عن شفيع اللبدي

عقدٌ من الزمن قضيته في العمل على دراسة وتنفيذ برامج تخطيط موارد المؤسسات. عملت خلال هذه السنوات على تقديم الاستشارات والتدريب وتوفير الدعم الفني للعديد من العملاء في كافة القطعات الصناعية والتجارية وفي مجال الخدمات .

ساهمت في إدارة وتنفيذ العديد من المشاريع في منطقة الشرق الاوسط والمغرب العربي. كانت البداية من الاردن ثم المملكة العربية السعودية ثم ليبيا فالجزائر . وعلى أمل أن يكون لي شرف المشاركة في تنفيذ مشاريع جديدة في كل أرجاء الوطن العربي والعالم الاسلامي.

عملت على تطبيق العديد من برامج تخطيط موارد المؤسسات سواءً المحلية او العالمية لكني وجدت أن داينامكس AX أفضل هذه البرامج. لذلك إجتهدت أن أنقل لكم في ترجمتي لهذا الكتاب بعض الميزات الرائعة التي يحتويها داينامكس AX.

أعمل على مشاركة خبراتي من خلال مدونتي الصغيرة كلما اتيحت لي الفرصة. أرجوا التكرم بزيارتها لعلك تجد فيها الفائدة.

المدونة: http://shafeaa.blogspot.com

البريد الالكتروني: shafeaa@gmail.com

توتير: @ShafeaaAllabadi

سكايب: Shafeaa1